指名が途切れないガイドの

英語で日本紹介アイデアブック

島崎秀定＝著

▌本書のねらい ▌

　訪日観光客の数が年々増加しています。2019年には3188万人となり、過去最高を更新しました。観光地はもちろん住宅地でも外国人が歩いている光景が日常的なものとなり、ショップや飲食店で働いている人はもとより、一般の人でも英語で話し掛けられる機会が増えているのではないでしょうか。インバウンド市場の好況を受けて、外国からの観光客をもてなしたいという方も増えています。2018年の通訳案内士制度の改正で、無資格でも有償で通訳案内業務を行えるようになり、副業や定年後の仕事として通訳ガイドを志す方も多くなってきています。

　本書はそういう方に向け、日本の魅力を海外からのお客様に伝えるための具体的なガイド例を集めた本です。ご存知のように、書店に行くと日本を英語で紹介する本はたくさん並んでいます。でも、私が読んだ限りでは、堅苦しい本が多く、歴史や地理の説明に固有名詞や年号がたくさん登場していて、面白味に欠ける内容だったりします。

　外国人観光客は、日本に勉強しに来ているわけではありません。年号や歴史上の人物の名前など、すぐに忘れられてしまいます。「この城はXXX年に〇〇氏が建てたもので～」とデータで語るよりも、「今見ている

富士登山

この石垣にはこんなエピソードがあるんですよ！」とエピソードで語ったほうが、興味を持って聞いてもらえます。「へ～！」と思ったことは記憶に残るものです。そんな説明ができたら、お客様から「あなたに案内してもらって、本当に良かった！」と言ってもらえるはずです。

一緒に滝行

伏見稲荷

指名されるガイドになるには

　私は通訳ガイドになって11年目になりますが、なりたての頃から、団体ツアーをガイドする仕事が多く、訪問地の歴史などを暗記し、それを間違えないようにお客様に伝えることに意識を集中していました。つまり一方通行の機械的な説明だったのです。お客様には私の一生懸命さだけは通じたとみえ（笑）、クレームをもらうことはありませんでしたが、今振り返るとつまらない思いをさせていたのではないかと恥ずかしくなります。

　その後、少しずつ相手の反応を見る余裕もでき、それに応じて自分の言葉で説明できるようになりました。でも、事実を並べるという点ではあまり変わらなかったと思います。また、新たな課題も出てきました。お客様から質問を受けて答えがわからないとき、正直に「わかりません」と言ってしまうことが多かったのです。そして、相手に "Don't worry." や "Never mind." と言わせてしまっていました。これは、決して「気にしていない」わけではないのです。本音は「がっかり」なのです。単にガイドを傷つけないように気遣ってくれているのです。次に考えたのは「わかりません」ではなく「あとで調べてお伝えします」です。これなら誠実だし、がっかりさせないだろうと思ったのですが、それでも相手の反応は変わりませんでした。

　そのうち、お客様は必ずしも正確な答えを求めているわけではなく、ガイドの意見が聞きたかったり、会話を楽しみたいだけであったりする場合が多いことに気づきました。そこで、正確な答えがわからなくても、自分の考えや、うろ覚えの知識でも「～と聞いたことがある」と伝えるようにしました。こうしてお客様のアンケートも徐々に高評価が取れるようになっていきました。"He has a great knowledge." と書かれることが多くなったのです。それでも、なかなか全員から満点をもらうことはできませんでした。

　あるとき旅行会社の人から「あなたは真面目すぎるんじゃないの？」と言われました。この一言がきっかけで、説明に楽しさが足りないことに気づきました。お客様は、知識を求めているわけではなく、楽しさを求めているのです。この当たり前のことに改めて気づかされました。説明を聞いて楽しいというのは、事実を知ったときではなく、その事実がなぜ面白いのか納得できたときです。たとえば、皇居の説明をしている中で「1868年からここに天皇が住んでいる」という事実が外国人にとっ

て面白いわけではなく、「ここはかつて将軍が住む城であった」ことが興味深い点であり、「現在の天皇は 126 代であり、紀元前 660 年からずっと血筋がつながっている」ことが驚くべきことなのです。

それからは、観光地を訪問する際、その場所の何が興味深いのかをきちんと把握して、それを説明するようになりました。私がお客様に伝える情報量は必ずしも多くありません。それでも "He gave us a very good explanation." と書いてもらえるようになりました。great knowledge は単にガイドが知識を持っているということであり、good explanation はお客様にとってわかりやすい説明をしているということです。この 2 つは似て非なるものだと思います。

さらには、オチを付けてお客様を笑わせることも意識するようになりました。その結果、アンケートには "He has a great sense of humor." と書かれることが多くなり、ほとんどのお客様から満点をもらえるようになりました。ツアーが終了したときに知識を得たことよりも、「楽しい旅だった」と思ってもらえることのほうが大切なのです。

こうして、多くの外国人観光客や旅行会社から、仕事をリピートしていただけるようになりました。

説明の基本　10 のポイント

外国人観光客に魅力のある話をするにはどうしたらよいでしょう？以下にポイントをご紹介します。

1．まずは興味を持ってもらう ……………………………………………

浅草寺に行ったとき、「この寺は 628 年に土師中知が自宅を寺に建て替えて、漁師の檜前浜成・竹成が見つけた観音菩薩を祭ったことに始まる聖観音宗の寺院です。旧本堂は 1694 年に建造され国宝に指定されたものでしたが、1945 年の空襲で焼け、1958 年に鉄筋コンクリートで再建されました」と説明したとしたら——聞いているほうは疲れてしまいますよね。

観光地に行ったら、客観的な事実を並べる前に、ここは何が驚くべき点なのか、何が面白いのか、それをまず一言で伝えます。それは、外国人観光客の興味を引きつけるためです。そして、もっと話を聞きたいと思わせることができたら大成功です。

2．説明は短く、自分の言葉で ……………………………………………

　初心者ガイドにありがちなのは、しっかり説明しようとたくさんの情報を仕入れ、それを全部伝えようとすることです。もちろん、中には詳しい説明を聞きたいという方もいます。でも観光で来日している外国人の多くは、勉強しに来ているわけではなく、楽しく観光したいと思っています。だから、説明はできるだけ短くまとめましょう。さらに詳しく知りたい人は、たくさんの質問を投げかけてくるはずです。そのときには勉強した知識を発揮して詳しい説明をしてあげてください。

　本書では、各項目について説明の例文を載せています。ただし、これは参考程度にご活用ください。暗記してそのまま説明しても、相手には伝わりづらいかもしれません。要点だけ頭に入れたら、文法的に多少間違っていたとしても、自分の言葉で話したほうが相手にはよく通じるものです。

3．相手の理解度を確認する ……………………………………………

　相手が知っていることは省きましょう。当たり前のようですが、意外とこれができていないように思います。たとえば、歴史の説明で「将軍」のことに触れる必要があったとします。「将軍とは～」と説明をする前に、「将軍をご存知ですか？」と確認してみましょう。「はい」という答えが返ってくれば、説明する必要はありません。知っていることをくどくど説明されると、相手はうんざりしてしまいます。

　また、日本に着いたばかりなのか、日本各地をすでに旅行してきたのかも確認するとよいでしょう。すでに数多くの寺や神社を訪れた方に、「日本には神道と仏教という二大宗教があります。」などと基本的なことから説明しようとしたら、やはりうんざりされてしまいますね。

4．相手の興味を確認する ……………………………………………

　理解度とともに重要なのが、相手が興味を持って聞いてくれているかどうか、ということです。こちらが一生懸命に説明していると、多くの外国人は興味がなくても気を遣って話を遮ろうとはしません。それで、ついつい話が長くなってしまいがちですが、相手の反応を見たり、質問をしたりして、興味を持ってくれているか推し量りながら説明するように心がけましょう。最初のうちは難しいかもしれませんが、繰り返しているうちに相手の反応を感じることができるようになるはずです。

5．情報はできるだけ多く収集する ……………………………………

　「説明は短く」と言いましたが、情報収集が少なくてもよいわけでは
ありません。自分が下調べする際にはできるだけたくさんの情報を収集
しておきましょう。下見をしたり、観光地が発行しているパンフレット
を読んだり、ガイドブックを見たり、インターネットで調べたり、情報
収集の手段はたくさんあります。そうして収集した情報を取捨選択して、
外国人観光客が興味を持ちそうなものを選り抜きます。

6．目に見えるものから説明する ……………………………………

　人は目についたものに興味を示します。たとえば稲荷神社に行くと、
多くの場合キツネの像が置かれています。外国人観光客がまず思うのは
「なんでここにキツネの像があるんだろう？」ということです。その疑
問が解消しないまま説明を始めてしまうと、観光客同士で「あれはなん
だろうね？」と雑談が始まり、気になってガイドの説明に集中できない
ということもあるでしょう。まず疑問に回答するところから始めれば、
あなたの話に耳を傾けてくれるでしょう。

　また、神社に行くと花嫁行列に出くわすことがあります。このような
場合も、説明を一時ストップして行列を見学したり、話題を結婚式に移
すなど、臨機応変に対応することが大切です。そこは教室ではなく、現
場なのですから。

7．理由を考える ………………………………………………………

　外国人観光客が興味を抱くのは、「これは何のために建てられたの
か？」「なぜこのようなことが起こったのか？」「日本人はなぜ○○なの
か？」という理由です。日本人には当たり前に思えることが、外国人に
とっては疑問に思うことだったりするのです。

　お寺や神社、城に行ったとき、あるいは街を歩いているときに、「こ
れは何のためにあるのだろう？」と疑問を持っていろいろなものを見回
してください。そして説明できるかどうか考えてみてください。きっと、
あなたの周りは不思議なものだらけであることに気づくでしょう。

8．フリ、説明、オチの三段階で話すのが理想 …………………………

　最初に外国人観光客を驚かせる「フリ」（本書では英文の見出しがフ
リに相当します）を述べ、興味を持ってもらったところで簡潔に「説明」

する。そして、最後に「オチ」をつければ最高です。オチと言っても、落語や漫才のように相手を笑わせる必要はありません（笑ってもらえれば、それに越したことはありませんが）。最後に自分の感想を伝えたり、自分とその施設との関わり（たとえば神社なら、自分の結婚式や七五三のときの話）を話したり、お客様の国の場合はどうか質問するという形で、話を一段落させてもよいでしょう。

　オチをつけることによって、その場所が単なるガイドブックに載っている過去の遺物ではなく、現実に存在している（現在の日本に息づいている）場所として実感してもらえることでしょう。

9. 知らないことを質問されたら ………………………………………

　観光地をガイドする前には情報収集が不可欠です。調べていなかったことを突然聞かれることもあります。答えられなくても、3ページにも書いたように、多くのお客様は "Don't worry." とか "Never mind."、つまり「気にしないで」と優しい言葉を掛けてくれます。確かに今ちょっと疑問に思ったことを、できれば今知りたいという程度であり、わざわざあとで調べて教えてもらうほどのことではないのかもしれません。でも内心はガッカリしていると思って間違いありません。

　そこで、正確な答えかどうかわからなかったとしても、"I think〜"（私は〜だと思う）、"I heard that〜"（私は〜と聞いたことがある）と何らかの答えを提示するとよいでしょう。するとお客様は、"I think so, too."（私もそう思う）とか、"I agree with you."（あなたの考えに賛成）と言ってくれるかもしれません。要は、言葉のキャッチボールを楽しめればそれで満足というお客様も多いのです。

10. 英単語が出てこなかったら ………………………………………

　説明する際、必ずしも専門用語を使う必要はありません。たとえば、よく出てくる埋立地（築地や台場など）の説明をしようとして辞書を引くと、reclaimed land という単語が出てきます。でも、いざこの単語を使っても通じないことがあります。それよりは、man-made land、artificial land と言ったほうが伝わります。ですから、難しい単語をたくさん覚える必要はありません。英語が母国語でないお客様が多いので、簡単な単語で説明できるようにしておいたほうがよいでしょう。

『英語で日本紹介アイデアブック』 もくじ

JAPANESE SPOT

Part 1

日本全国の鉄板ネタ

5 CHAPTERS

File 01. 城

日本の城は難攻不落

17世紀からの江戸時代、日本には約250人の大名がいて、自分の領地に1つ城を持っていました。城は大名の居住地であり、防衛拠点であり、地方政治の中心でもありました。城はさまざまな防衛手段を持っていました。たとえば、枡形は敵の前進を許さず、進入者を三方から攻撃できました。壁には矢や鉄砲で敵を撃つための狭間があり、石垣を上る敵に向かって石を投げつける場所（石落とし）もありました。

日本の城の唯一の弱点は、木造のため燃えやすかったという点です。しかしながら、江戸時代は比較的平和で、大きな戦はなく、城が攻撃されることはほとんどありませんでした。

説明のポイント

城に関して説明することはたくさんありますが、まずは目に見えている部分から説明するのが理解してもらうコツです。城は世界各地にありますので、外国の城と比較するのも興味深いでしょう。たとえば、日本では石落としから敵に石を投げつけていましたが、ヨーロッパの城では熱した油を使用していたようです。また、城には専門用語もあり、天守閣は辞書を引くと donjon という単語が出てきます。しかしながら、それよりも castle tower や main keep といったやさしい単語を使ったほうがよく伝わります。現存する天守閣は、次の12カ所のみです。姫路城、彦根城、松本城、犬山城、松江城、備中松山城、丸岡城、弘前城、伊予松山城、高知城、宇和島城、丸亀城。

···· File 01. Castles

It was very difficult to attack Japanese castles.

During the Edo period, which started in the early 17th century, there were about 250 *daimyo*, or feudal lords, and they each had one castle in their territory. A castle not only served as a *daimyo*'s residence but also as a defense base and the center of local politics. Every castle had several means of defenses. For example, the square gates prevented the advance of an enemy, and the defenders could attack from three directions. Loopholes were built into the walls for shooting arrows and bullets at the invaders. There were also places from which to drop heavy stones onto anyone trying to climb up the steep stone walls.

The castles' only weak point was that they burned easily because they were made of wood. However, the Edo period was a relatively peaceful time and there were no major civil wars, so very few castles were ever attacked.

語句

☐ feudal lord 大名 ☐ defense base 防衛拠点 ☐ means of defenses 防衛手段
☐ advance 直進 ☐ loophole 狭間、小窓 ☐ stone wall 石垣 ☐ civil war 内戦

File 02. 日本庭園
自然がいっぱいの人工庭園

日本にはさまざまなタイプの庭園があります。「池泉式回遊庭園」
は風景式庭園で、池の周囲の散策を楽しむ大きな庭園です。主に将
軍や大名によって造られたもので、全国各地で見られますが、東京
のような大都市にもあります。季節の花々や紅葉によって、移りゆ
く自然の美しさを感じられますが、池も人工ですし、木々も植林さ
れたものです。凝縮された自然と言えるでしょう。

また多くの禅寺では、「枯山水」の庭を見ることができます。水を
使わずに、砂利に模様を描いて大海や水の流れを表しています。枯
山水は人工的に感じられますが、想像力によって大自然を感じるこ
とができます。ただし、外から眺める庭であり、中を歩くことはで
きませんので、注意してください。

説明のポイント

日本庭園は全国各地にあり、日本文化が凝縮されていますので、ぜひ案
内したい場所です。代表的な池泉式回遊庭園と枯山水の2つはきちんと
説明しましょう。2つの庭の違いとして、中を歩けるものと、外から眺め
るもの、というのが特徴的な点です。庭園内を散策すれば、借景（"borrowed
scenery" または "borrowed landscape"）、曲水（meandering stream）、
苔（moss）、池の石組（rock arrangement）、宗教と関連する造形物（須
弥山や蓬莱山を表す築山 [artificial hill] や島 [islet]）など、庭園を構成
するさまざまな要素が見えてきますので、一緒に散策しながらこうした
ものも説明できるといいですね。

File 02. Japanese gardens

Japanese gardens are artificial gardens full of nature.

There are different types of gardens in Japan. The chisen kaiyu style gardens, or landscape gardens, are large enough to allow you to take a stroll around a pond. Most of them were created by shoguns or feudal lords. You can see these gardens all over the country, even in big cities like Tokyo. In these gardens, you can feel the beauty of the changing seasons by admiring the seasonal flowers and leaves in autumn, but the ponds are actually man-made and the trees you see were planted by people. You could call it condensed nature.

At Zen temples, you will often find "dry landscape gardens." In these gardens, the ocean and water are represented by the gravel being raked in a certain way, and no actual water is used. You may feel it looks artificial but, with a little imagination, you can get a real sense of nature. And please keep in mind that this type of garden is designed to be looked at and not to be walked on.

語句

☐ stroll 散策　☐ man-made 人口の　☐ condensed 凝縮された
☐ dry landscape garden 枯山水　☐ (be) represented by ～ ～で表現される
☐ gravel 砂利　☐ rake ～を（熊手などで）かく

File 03. 日本の宗教

日本人は神道で生まれ、キリスト教で結婚し、仏教で死ぬ

日本の二大宗教は神道と仏教です。ほとんどの日本人は、両方を信じていますが、機会によって利用する施設を分けています。主におめでたい行事の際は神社に行きます。たとえば、子どもが生まれた時は子どもを神社に連れていき、感謝を表すとともに、子どもの健康と幸せを願って拝みます。また伝統的な結婚式も神社で行います。ただし、現在一番多くの結婚式が行われるのはキリスト教会です。一方で、人生の終わり、葬式は仏教寺院で、あるいは仏式で行います。日本人は、神道の神も、キリストも、仏も受け入れているのです。つまり、宗教に関わらず、超自然的な存在を信じていると言えるのかも知れません。ただし、近年では熱心に信仰している人はわずかです。ほとんどの日本人は年に一度だけ、年末年始に神社や寺院を訪れます。

説明のポイント

キリスト教国でも熱心に教会に通う信者は少数になってきていますが、それでも2つの宗教を信じ、さらにキリスト教まで受け入れる日本人の宗教観は不思議に思えるようです。確たる答えはありませんが、私は日本人は超自然的な存在すべてを受け入れていると解釈しています。曖昧なものを説明したり、難しい質問を受けた場合など、"I don't know." ではなく "I think that 〜 " と自分の考えを伝えるようにしましょう。

● 神社での行事：初詣 (first shrine visit of the year)、七五三 (7-5-3 year-old festival)、結婚式 (wedding)、お祭り (festival) 等。

●お寺での行事：葬式 (funeral)、法要 (memorial service)、墓参り (visit to the family grave)、節分 (the close of winter / bean-throwing festival) 等。

File 03. Religions in Japan

Japanese are born as Shintoists, get married as Christians and die as Buddhists.

The two main religions in Japan are Shinto and Buddhism. Most Japanese people follow both of these religions and use their separate facilities for different occasions. For basically happy occasions, we visit Shinto shrines. For example, a family will take their newborn baby to a Shinto shrine to express their appreciation to the gods and pray for their baby's health and happiness. Traditional wedding ceremonies are also held at shrines. However, most weddings are held at Christian churches. Meanwhile, at the end of life, funerals are held at Buddhist temples or in a Buddhist style. Japanese people accept Shinto gods, Jesus Christ and Buddha. I think that Japanese believe in the existence of the supernatural no matter what the religion is. But these days, there are not that many truly enthusiastic worshippers. Most people visit shrines or temples only once a year, around the New Year.

語句

☐ facilities 施設　☐ newborn baby 新生児　☐ hold 〜 (行事) を行う　☐ however しかし
☐ meanwhile 一方で　☐ funeral 葬式　☐ the supernatural 超自然的存在、超自然的世界
☐ enthusiastic 熱心な　☐ worshipper 信仰者

File 04. 仏教

仏教の目的は苦しみからの解放

仏教はインドで誕生し、日本には６世紀に入ってきました。現実の世界には苦しいことや辛いことがたくさんあります。仏教の開祖である釈迦は王子でしたが、それらを解消したいと思い、修行を始めます。そして瞑想によって悟りを開き、人々を救い始めました。今日、仏教徒はお経を唱えたり、坐禅を組んだりしますが、それは悟りを開くためです。修行によって、苦しみから解放されると考えているのです。

また仏教では、現世で良い行いをすれば、死後の世界では極楽浄土、つまり悟りの世界に行くことができるとも考えられています。

説明のポイント

高僧が一生かけて学んできた仏教の説明を一言でするというのは不可能ですが、上記のように「苦しみから解放される」という観点から仏教の目的を説明してはいかがでしょうか。また、輪廻（reincarnation）から解脱するために悟りを開くということ、あるいは「欲が多いから苦しみも多くなる」➡「欲を減らせば苦しみも減る」➡「欲望から解放されるために瞑想する」という流れを説明してもよいでしょう。

また、念仏を唱えれば極楽に行けるという浄土宗や浄土真宗、坐禅によって悟りを開くことを目指す禅宗（臨済宗や曹洞宗）など、宗派による違いを押さえておきましょう。「南無〜」というお経も宗派によって違います。南無には「帰依する、信じる」といった意味があり、浄土宗、浄土真宗では「南無阿弥陀仏」、日蓮宗では「南無妙法蓮華経」と唱えます。

File 04. Buddhism

The purpose of Buddhism is to provide relief from suffering.

Buddhism originated in India and was introduced into Japan in the sixth century. Life is full of suffering and difficulties. Gautama Buddha, the founder of Buddhism born as a royal prince, wanted to resolve these problems. Therefore, he began practicing asceticism. He attained enlightenment through meditation, and he began to help others. Today, Buddhists chant sutras and practice *zazen* meditation hoping to attain enlightenment. They believe that this practice will relieve them from suffering.

Buddhists also believe that if we behave well during our lives, we can go to paradise, the world of enlightenment, in our afterlife.

語句

☐ relief from ～ ～からの解放　☐ suffering 苦しみ　☐ Gautama Buddha 釈迦（Shakyamuni Buddha）　☐ resolve ～を解消する　☐ practice asceticism 修行を実践する、禁欲をする
☐ attain enlightenment 悟りを開く　☐ meditation 瞑想　☐ sutra 経典
☐ afterlife 死後の世界

File 05. 仁王像

生まれてから死ぬまで守ってくれる

お寺の入口にある門の両側に立つ怖い顔の像は、仁王像と言います。1人は口を開けて「あ」と言い、もう1人は口を閉じて「ん」と言っています。これはサンスクリット語の最初と最後の文字ですが、ひらがなと呼ばれる日本語の文字でも同じで、「初めから終わりまで」を表しています。言い換えれば仁王像は、私たちが生まれてから死ぬまでの一生を守ってくれているのです。怖い顔をしていて、血管が浮き上がるほど全身には力がみなぎっていますが、それはあらゆる邪気を追い払うためです。

神社に行くと狛犬がいますが、同様に、1匹は口を開け、1匹は閉じています。神道と仏教には共通点がたくさんあるのです。

説明のポイント

お寺を訪れた際、多くの場合、仁王門が入口にあります。ですから、お寺の説明を長々とするよりも、最初に目に入ってくる仁王像の説明から始めると良いでしょう。仏像の鑑賞ポイントとなると説明が難しいですが、仁王像の役割などは、上記のように説明すれば外国の方にも理解しやすいでしょう。

● お寺にあるもの：手水舎（*chozuya*; the place to purify hands and mouth）、香炉（incense burner）、鐘つき堂（bell tower）、本堂（main hall）など。

Chapter **1**

宗教・文化

· · · · · File 05. Statues of Nio

Statues of Nio guard our life from birth to death.

A pair of scary-looking statues, known as Nio, stand by the entrance gate at Japanese Buddhist temples. One is opening his mouth saying, "Ah," while the other is closing his mouth and saying, "Um." These are the first and last characters of the Sanskrit alphabet as well as the Japanese phonetic characters called *hiragana*, and so they symbolize "from the beginning to the end." In other words, the statues are there to guard our entire lives, from birth until death. They have their frightening faces and powerful bodies with bulging veins to ward off any evil spirits.

Similarly, when you go to a Shinto shrine, you will find a pair of guardian dogs, one with its mouth open and the other with its mouth closed. Shintoism and Buddhism share much in common.

語句

☐ scary-looking 怖い ☐ character 文字 ☐ Sanskrit サンスクリット語
☐ phonetic 表音の ☐ bulging vein 浮き上がった血管 ☐ ward off ～ ～を追い払う
☐ evil spirit 邪気、悪霊 ☐ similarly 同様に ☐ guardian dog 狛犬
☐ share much in common 共通点がたくさんある

21

File 06. 神道

周りの自然すべてを神と見なす

神道は日本古来の宗教で、その基本は自然崇拝にあります。山、海、川、湖、滝、古い木、そして大きな岩まで、周りにある自然の万物が神と見なされます。日本には、地震や火山の噴火、台風など、さまざまな自然災害がありますが、それは神の怒りが原因と考えられていました。そして、人々は神に祈ることでそれらを鎮めようとしてきました。また、日本は米（稲作）が主要な産業だったので、自然現象に大きく左右される米の豊作をも神に願ってきました。

面白いことに、天皇や将軍など、歴史的に重要な人物も、死後、神と崇められるようになりました。ですから、日本には八百万の神がいると言われています。ギリシャ神話と同じように、神々に関する物語もたくさんあります。

説明のポイント

神を何と訳すかは難しいところです。大文字で始まる God というとキリスト教の神を意味しますが、小文字でも違和感を覚えるキリスト教徒は少なからずいます。deity という言葉もありますし、spirit という言葉はどうか、と外国人から提案されたこともあります。あるいは、最初に「今後、神道の神を表すのに kami という言葉を使います」と宣言しておいて、kami で通すのも 1 つの方法です。

また、二礼二拍一礼 (bow twice, crap hands twice and bow again at the end) といった神社での参拝方法も簡単に説明してあげましょう。

File 06. Shintoism

All of nature can be regarded as deities in Shintoism.

Shinto is Japan's indigenous religion, and it is based on the worship of nature. All of nature, including mountains, oceans, rivers, lakes, waterfalls, old trees and even large rocks, can be regarded as deities. Japan experiences a lot of natural disasters, such as earthquakes, volcanic eruptions and typhoons, and they were thought to be caused by the anger of the deities. People tried to stop these natural disasters by praying to the deities. Also, as rice has long been a major industry in Japan, people have traditionally asked the deities for a good harvest which is much influenced by natural phenomena.

Interestingly, many important historical figures, such as emperors and shoguns, began to be regarded as deities after their death. Shinto tradition says that there are 8 million deities in Japan. As with Greek mythology, there are a great number of stories related to these deities.

語句

☐ Shintoism 神道 (Shinto)　☐ regard as 〜 〜と見なす　☐ deity (多神教の) 神、神格
☐ indigenous 土着の、その土地固有の　☐ (be) based on 〜を基本とする
☐ worship 崇拝、祈り　☐ natural disaster 自然災害　☐ earthquake 地震
☐ volcanic eruption 火山の噴火　☐ typhoon 台風
☐ natural phenomena 自然現象　※ phenomena は複数形。単数形は phenomenon。
☐ Greek mythology ギリシャ神話

File 07. 鳥居

神社の鳥居は聖域と日常を分ける境界

鳥居とは神社の入口に建っている大きな門で、聖域と日常との境界を象徴しています。信者はここで一度立ち止まり、お辞儀をして敬意を表してから聖地に入ります。また、中央は神様の通り道なので、人間は端を通るようにします。このように礼儀正しく鳥居をくぐると、私たちは身が引き締まり、神聖な気持ちになります。

日本の文化ではこの境界は大切なものだと考えられていて、境界を超えると気持ちも変わるのです。事実、このような境界は、神社だけではなく日本文化のさまざまな場面に存在します。例を挙げると、家に入る際に靴を脱ぐのは、家という安らぎの場所と外とを明確に区別するということです。玄関が境界なのです。

説明のポイント

神社で一番目立つものが鳥居です。町の中でも頻繁に見かけるので、仮に神社を訪れなくても鳥居と神社の説明はできるようにしておきましょう。この鳥居について、内と外を明確に分ける境界として説明すると、日本文化の特徴の1つとして、外国の方にも興味深く聞いてもらえると思います。

また、鳥居が朱色に塗られているのは、生命力を表したり、魔除けを意味したりします。

鳥居の起源については、いくつか説があります。1つの説は、天照大神が岩屋から出る際に鳴いた鶏が止まっていた宿り木だったというものです。

宗教・文化

File 07. Torii

The *torii* at a Shinto shrine acts as a border between the sacred and everyday worlds.

A *torii* is the large gate over the entrance to a Shinto shrine, and it symbolizes the boundary between the sacred world and our everyday lives. Worshippers stop there and bow to show their respect before entering the sacred grounds. The center of the path beneath the *torii* is where the deities walk, so humans should walk along the side. Passing through a *torii* in this respectful manner, people brace themselves and get a sense of the sacred.

This boundary is considered important in Japanese culture, and people's state of mind changes when they pass through it. In actual fact, this kind of border not only exists at shrines but in many aspects of Japanese culture. If I may give you an example, taking off our shoes before entering our home is a way of separating the outside world from our home sanctuary. The entranceway acts as a border.

語句

☐ border ／ boundary 境界　☐ symbolize ～を象徴する　☐ sacred world 聖域
☐ path 通路　☐ in this ～ manner このように～な方法で
☐ brace oneself 身を引き締める、気構えをする　☐ sense of the sacred 神聖な気持ち
☐ state of mind 心の状態　☐ entranceway 玄関

File 08. 祭り

迫力ある神輿や美しい山車のパレードが見もの

日本にはさまざまなお祭りがあります。伝統的なお祭りは宗教に関連したものが多く、春には米の豊作を神に祈って、秋には収穫を神に感謝して行われます。これらのお祭りは神社の行事です。また、夏にはお盆といって、先祖の霊が地上に戻ってくる期間があります。その時には、盆踊りやお祭りによって霊を迎え、慰めます。お祭りでは、神輿や山車が出ることが多く、とても見応えがあります。重い神輿を大勢の威勢のいい担ぎ手がかついで町中を行進しますし、山車は美しい彫刻がされていたり、繊細なタペストリーで装飾されていたりして、動く美術品ともいわれます。

日本では宗教と関係のないお祭りも人気があります。雪まつりや音楽祭のような新しいお祭りは、完全に楽しむためだけのものです。

説明のポイント

お祭りは華やかで、賑わいがあり、外国人観光客にも楽しんでもらえるでしょう。夏の盆踊りなどは、見よう見まねで気軽に参加できますし、露店での金魚すくいや射的など、伝統的な遊びを楽しんでもらうこともできます。神輿は神様の乗り物で、担いで町を練り歩くことで、神様に楽しんでもらうとともに、町を災いから守り福を授けてくださるようにお願いするものです。山車の巡行などを見学する場合は、どこで見たらよく見えるのかなど、事前に情報収集してから案内すると喜ばれます。

File 08. Festivals

You can see traditional parades boasting dynamic portable shrines and beautiful floats.

There is a great variety of festivals in Japan, with most of the traditional ones being related to religion. Spring festivals are held to pray for a good rice harvest, while autumn festivals are held to thank the gods for the crops. These festivals are organized by the Shinto shrines. In summer, there is a period called *Obon*, when our ancestors' spirits return to the earth. We welcome their visit and amuse them with *bon* dances and festivals. At these festivals, you often see parades of portable shrines and floats, which are well worth watching. Heavy portable shrines are transported through the town by many lively carriers. The floats, with their beautiful sculptures and fine tapestries, are considered to be moving works of art.

Some other types of festivals, with no connection to religion, are also popular in Japan. These more modern celebrations, such as snow festivals and music festivals, are held strictly for fun.

語句

☐ boast 〜を誇りとする ☐ portable shrine 神輿 ☐ float 山車 ☐ harvest 収穫
☐ ancestor 先祖 ☐ amuse 〜を楽しませる、〜を慰める ☐ worth -ing 〜する価値がある
☐ lively 元気な、活発な ☐ sculpture 彫刻 ☐ tapestry タペストリー

File 09. 花見

日本人にとって、花見とは桜を見ること

日本人は季節の変化を敏感に察知し、楽しみます。特に春を象徴する桜の開花は一大イベントです。2月の後半から、テレビのニュースでもアナウンサーが桜の開花予報を伝え初めます。そして、桜が咲き始めると、大勢の人が集まり、その下で「花見の宴会」をする光景が見られます。地域や天候にもよりますが、桜の最盛期はわずか1週間ほどです。その短くて華やかな桜の生命を、飲食をしながら思いきり楽しむのです。

この季節は若者が大学に入ったり就職したりする時期でもあり、歓迎の意味を込めてにぎやかな宴会がよく開かれます。でも、働き過ぎの日本人ビジネスマンにとっては、仕事から離れてちょっとお酒を飲むための口実と言えるかもしれません。

説明のポイント

桜の時期であれば、説明だけでなく実際にお花見に案内してあげましょう。その際、上野公園などは「花見の宴会」という日本人の習慣を見せるには良い場所ですが、静かに鑑賞したい人には穴場を紹介できるといいですね。桜の短い生命を、潔く切腹をした武士の一生に例えて説明するのも興味を持たれると思います。

File 09. Cherry blossom viewing

"Flower viewing" means cherry blossom viewing in Japan.

Japanese truly appreciate the changing of the seasons. In particular, the blooming of the cherry blossom, which represents spring, is a big event. Beginning in late February, TV news announcers give out their forecasts of when the trees are expected to bloom. Once they start to bloom, many people will gather under their branches and hold "cherry blossom viewing parties." Depending on the region and weather conditions, the trees are in full bloom for just one week, and so people really make the most of the blossom's short and colorful life while eating and drinking to their hearts' content.

This season is also a time when lots of young people start at university or begin their careers, and often lively parties are held to welcome them. But you could say it really is an excuse for many workaholic Japanese employees to get out of the office and have a drink or two.

語句

☐ appreciate 〜を察知する、〜を味わう ☐ forecast 予報
☐ to one's heart's content 思う存分

File 10.　旅館

日本の伝統的生活が楽しめるテーマパーク

日本にいる間に、ぜひ一度は日本式のホテルである旅館に宿泊してみてください。ここでは日本の伝統的な生活を体験することができます。多くの場合、玄関で靴を脱ぎ、廊下はスリッパで歩きます。部屋は、床にわらでできたマットである畳が敷き詰められた和室です。ベッドがないのでびっくりするかも知れませんが、夕食の間に仲居さんが日本式の寝具、布団を敷いてくれます。布団で寝るのはとても気持ちがいいですよ。夕食は、多くの種類の日本料理が食べられるので、木綿製のカジュアルな着物である浴衣をゆったりと着て楽しんでください。旅館に温泉があれば、ぜひ入ってみてください。美味しい夕食と、温泉でのゆったりした入浴の後は、ぐっすり眠れるでしょう。

説明のポイント

旅館に泊まったことのない外国人観光客に、旅館の楽しさを伝えてあげましょう。体験要素がたくさんあるので、テーマパークと表現してみました。文中には、旅館、畳、布団、浴衣などの日本語がでてきます。これらは外国の方でも知っていることがありますが、*tatami,* or woven straw mat のように、日本語の単語を言い、or のあとに英語の説明を続けて補足するといいでしょう。or を言わず、少し間を空けて説明を続けても OK です。

年配のお客様は、床に寝ると聞くと拒否反応を示す場合があります。ベッド付きの和洋室などを備えた旅館もありますので、紹介するとよいでしょう。

· · · · · File 10. Ryokan

A *ryokan* is like a theme park for experiencing traditional Japanese life.

Please stay at a *ryokan*, a Japanese-style inn, at least once while you are in Japan so that you can experience a Japanese lifestyle. At many *ryokans*, you take off your shoes at the entrance and walk along the corridor in slippers. The rooms are Japanese style, with *tatami*, or straw mats, on the floor. You may be surprised because there won't be a bed in your room, but the hotel staff will prepare your *futon*, or Japanese bedding, for you while you are having dinner. You'll find sleeping on a *futon* is very comfortable. The dinner will include many kinds of Japanese food, and you can enjoy it while relaxing in a *yukata*, a casual cotton kimono. If the *ryokan* has a hot spring, please make sure to try it. After a delicious dinner and a relaxing soak in a hot spring, you will be able to sleep very well.

Chapter **2**

宿泊施設と日本の住環境

語句

☐ theme park テーマパーク　☐ take off ~ ~を脱ぐ　☐ corridor 廊下　☐ straw mat 畳
☐ bedding 寝具　☐ soak 漬かること

File 11. 和室 . . . .
旅館に泊まれば、日本人の生活が垣間見られる

旅館を訪れてまずすることは、玄関で靴を脱ぐことです――これは、ほとんどの日本人の自宅でも同じです。多くの日本の家の床は畳なので、靴を履かずに上がることが、畳の部屋をきれいに保つための工夫です。靴を脱ぐもう一つの理由は、心労の多い外の世界とくつろげる家とを明確に区分することです。

伝統的に、日本人は部屋では寝る時にだけ布団を敷きます。小さい家だと部屋数が少ないのですが、(こうすると)さまざまな目的に使うことができます。布団を敷くと寝室になりますが、朝になると布団をたたんで押入れにしまい、日中は同じ部屋を居間や食事場所として使用するのです。

晴れた日にはベランダで布団を干しますが、高層マンションでは入居者に布団干しを禁じていることもあります。布団はやわらかいですが、高層階から落ちて通行人に当たったら大けがをするでしょうからね。

説明のポイント

旅館の項目で日本的生活が体験できると書きましたが、ここではさらに突っ込んで靴を脱ぐ習慣や布団で寝ることの理由を説明しています。旅館に泊まり、異なる習慣を体験しながら、その裏にある意味を一緒に考えたり、実際の日本人の生活に思いを馳せたりしてもらいましょう。

家の話をすると、「持ち家なのか、借家なのか」とよく聞かれます。東京では半数以上が借家ですが、郊外に行くほど持ち家率が高くなります。

·····File 11. **Japanese room**

A stay at a *ryokan* is like visiting a Japanese home.

The first thing to do when you visit a *ryokan*, a Japanese inn, is to take off your shoes at the entrance — just like you would at a Japanese home. The floors of many houses in Japan are covered with *tatami*, straw mats, and not wearing shoes helps keep the rooms clean. Another reason for removing your shoes is to separate the outside world, with all its cares and troubles, from the peaceful home.

Traditionally, Japanese prepare their *futons* only when they are about to sleep. A small house might have few rooms, but they can be used for a variety of purposes. A room becomes a bedroom when we put out our *futons*, but in the morning, we fold and store them in a closet and then use that same room as a living room and dining room during the day.

On a sunny day, we hang our *futons* out on the balcony, but some high-rise apartments prohibit tenants from doing that. *Futons* might be soft, but if one falls from a high-up floor and hits a passerby, it could cause a serious injury.

語句
- [ ] take off ~ / remove ~を脱ぐ [ ] (be) about to ~ ~しようとする [ ] fold ~をたたむ
- [ ] store ~をしまう [ ] hang out ~ ~を干す [ ] high-rise 高層の [ ] prohibit 禁止する
- [ ] tenant 入居者、店子 [ ] passerby 通行人

File 12. トイレ

現代的な多機能トイレと古風な和式トイレ

日本人ほどトイレにこだわりを持つ人々はいないでしょう。日本には何種類かのトイレがあります。普通の西洋式トイレと、それに暖房便座やお尻を温水で洗う「ウォシュレット」機能が付いた多機能トイレがあります。水の温度や、水圧を調節することもできます。一方、床の高さに便器があり、しゃがんで使用する和式トイレも見かけます。公衆トイレでは他の人が座った便座にお尻をつける必要がないので、こちらを選ぶ人もいます。しかし最近では、生活が洋風になり、家庭でも多機能便座が増えてきたため、古い和式トイレを好む日本人は減っています。

いずれにしても、日本人は快適なトイレを好みます。トイレは忙しい日常から逃れてホッとできる癒しの場なのかもしれません。

説明のポイント

日本の多機能便座は海外ではあまり使用されていないので、多くの外国人観光客が驚き、戸惑い、感激します。一方、観光地のトイレなどで和式便器を使用しなければならないこともあるので、両方を説明してあげましょう。

他にも、音が流れる装置が付いていることがあります。恥ずかしがり屋の日本人を表す特徴の１つと言えるでしょう。また、旅館や居酒屋に、トイレ専用のスリッパが置いてあることがあります。これも清潔な部分と不浄な部分を明確に区分する日本文化の特徴です。

····· File 12. Toilets

Japan has modern multifunctional toilets along with old-style squat toilets.

There might be no other people like the Japanese when it comes to being fussy about their toilets. There are a few different types of toilets in Japan. Along with the regular type of Western toilet, you often find a multifunctional type with a heated seat and "washlet" to clean your bottom with warm water. You can even adjust the temperature and pressure of the water. You will also come across a squat toilet, which is a toilet bowl set at floor level that you squat over. Some people prefer this type, because they don't have to sit on seats that other people have sat on. But nowadays, Japanese lifestyles have become more westernized, and with so many homes having multifunction -al toilets, fewer people are fans of the old-style type.

Anyway, Japanese people do appreciate a nice toilet. Perhaps the toilet room is the one space where they feel they can escape from their busy lives and truly relax.

Chapter **2** 宿泊施設と日本の住環境

語句
- multifunctional 多機能の ☐ squat しゃがむ
- (be) fussy about ～ ～にこだわる、～にうるさい ☐ (toilet) seat 便座
- washlet ウォシュレット ※TOTOの商標。 ☐ bottom 尻 ☐ adjust 調節する
- come across ～ ～を見かける ☐ nowadays 最近は ☐ westernized 西洋風の

File 13. 温泉

心身ともにリラックスできるパラダイス

温泉は日本人に愛されています。温かい湯に浸かれば全身の血行が良くなりますし、ミネラル成分が身体に良い作用を及ぼします。温泉を訪れることは健康に良く、病気が快復することもあると言う人もいます。温泉によっては内風呂と露天風呂の両方があり、寒い日に露天風呂で身体を温めるほど気持ちの良いことはありません。

温泉に入る際には、脱衣場ですべての衣類を脱ぎ、ロッカーや備え付けのかごに入れます。浴室内には小さなタオルだけ持ち込むことができますが、タオルは湯船に入れてはいけません。浴槽には身体を十分に洗ってから入りましょう。温泉ではとてもリラックスできますが、お湯の温度は摂氏42度もありますので、体調に気を付け、のぼせそうになったら出るようにしてください。

温泉は日本人の長寿の1つの理由かも知れません。

説明のポイント

温泉の気持ち良さ、健康に良い点、そして入り方を説明しています。他のお客様の迷惑になることもありますので、マナーをきちんと教えておきましょう。なお、せっかく興味を持ってもらっても、タトゥーがあると入場を断られる温泉もあります。小さなものであれば隠すためのパッチを貸してくれる場合もあるので、施設に相談してみましょう。貸切風呂のある温泉を調べてお客様に教えてあげるのも喜ばれるでしょう。

······ File 13. Onsen (hot springs)

An *onsen* is like a paradise for both physical and mental relaxation.

Onsen, or hot springs, are loved by the Japanese. The warm water improves blood circulation, and the minerals do good things for the body. So a visit to one will make you feel healthier and some would say it may even help you recover from certain diseases. Some *onsen* have both an indoor and an outdoor bath. There may be nothing nicer than warming your body in an open-air bath on a cold day.

When you go to an *onsen*, take off all your clothes in the changing room and put them in the locker or the basket provided. You are allowed to bring one small towel into the bath area, but don't let it drop into the water. And remember to wash your body thoroughly before getting in. You can totally relax in an *onsen*, but as the temperature of the water is about 42 degrees Celsius, listen to your body and get out if you start feeling dizzy.

Their love of *onsen* may be one of the reasons that Japanese people live so long.

Chapter **2**

宿泊施設と日本の住環境

語句

☐ hot spring 温泉　☐ paradise 楽園、天国　☐ physical 身体の　☐ mental 精神の
☐ blood circulation 血行　☐ recover from certain diseases 病気から快復する
☐ changing room 脱衣場　☐ listen to one's body 体の声に耳を傾ける、体調に気を付ける
☐ feel dizzy めまいがする、のぼせる

File 14. カプセルホテル

棺桶に入った気分を味わえる宿

カプセルホテルとは、ベッドサイズの部屋、「カプセル」が通路に沿って並んでいるホテルで、多くは2段になっています。典型的なカプセルのサイズは、全長2メートルちょっと、幅1メートル、高さ1メートルほどしかないのでなんとか横になれるくらいの空間しかありません。室内は意外と静かで、快適に眠れます。室内にはテレビがあり、横になったまま見られます。また、電子機器の充電ができるコンセントもあります。部屋は狭いですが、荷物を部屋に入れる必要はなく、ロッカーに入れておけます。共用スペースも充実していて、大浴場やシャワーなどもあります。

利用するのは主に、残業や飲み会で終電を逃したサラリーマンです。カプセルホテルはタクシーで家に帰ったり、ビジネスホテルに泊まったりするより安いのです。ユニークな体験をするために、1晩宿泊してみてはいかがですか。

説明のポイント

カプセルホテルのことを知っている外国人観光客もいますが、本当にそんなホテルがあるのかと不思議に思っている人も多いです。カプセルホテルの写真を検索して、見せてあげるとよいでしょう。実際に泊まったことがあるのであれば、そのときの感想を伝えてみてはいかがでしょうか。日本にはさまざまな形態の宿泊施設があります。西洋風のホテル、旅館、民宿、またインターネットカフェで夜を明かすこともできます。ユニークなものでは、ロボットが受付をしてくれるホテルや、図書館になっているホテルもあります。

· · · · · **File 14. Capsule hotels**

Staying in a capsule hotel might make you feel as if you were in a coffin.

A capsule hotel is a hotel with bed-sized rooms, "capsules," lined up along a corridor and usually stacked two units high. A typical capsule measures a little over 2 meters long, 1 meter wide and 1 meter high, so there is only just enough room to lie down. The room is unexpectedly quiet and you can sleep comfortably. There is a TV in the room if you want to stretch out and watch it. There are also electrical outlets to charge your devices. The room is small, but you don't have to bring your luggage into it as lockers are provided. The communal space is usually well-equipped and offers public baths or showers.

This type of hotel is often used by Japanese workers who have missed their last train due to working overtime or socializing. It is cheaper than taking a taxi to go home or staying at a business hotel. How about staying at one for a unique experience?

語句

☐ capsule hotel カプセルホテル ☐ as if ~ あたかも~のような ☐ coffin 棺桶
☐ stacked 積み重ねられた ☐ unexpectedly 意外と ☐ electrical outlet 電源コンセント
☐ communal space 共用スペース ☐ well-equipped 設備の整った
☐ due to ~ ~の理由で ☐ socializing (飲み会などの) 付き合い

File 15. 日本食

日本食のおいしさの秘密、それは「だし」

日本人が肉料理を食べるようになったのは比較的最近のことです。古くから米を主食とし、魚と野菜が中心の食事を取ってきました。魚はそのまま食べるだけではなく、だしを取ってさまざまな料理に使います。特に、かつお節は日本食にとって重要です。薄く削ったものを熱湯に入れて漉し、だしを取るのです。また、海藻からもだしを取ります。

2013年、日本食はユネスコの無形遺産に登録されました。だしの風味豊かな味は「旨み」と呼ばれ、今では五大味覚の1つとして知られるようになりました。

説明のポイント

海外でよく知られている日本食は、すし、天ぷら、ラーメン程度なので、機会があればさまざまな日本食にチャレンジしてもらいましょう。ただし、ベジタリアンや魚アレルギーの人も少なくありません。一見野菜だけの料理のようでも、魚のだしを使っていることも多いので、お店の人にきちんと確認して教えてあげましょう。

五大味覚の他の4つは、甘味（sweetness）、塩味（saltiness）、酸味（sourness）、苦味（bitterness）です。

·····File **15.** Japanese food

The secret behind the taste of Japanese food is the broth.

The Japanese only started to eat red meat relatively recently. Traditionally, rice has been a staple food of the Japanese diet, along with fish and vegetables. Not only do we eat fish, but we also make *dashi*, a broth from it, and we use that *dashi* in a number of dishes. Dried bonito is especially important in Japanese cuisine. We shave the dried bonito, place those shavings into hot water, and then strain them to make *dashi*. We also make *dashi* from seaweed.

Japanese food was registered on the Intangible Cultural Heritage list by UNESCO in 2013. The savory taste of *dashi* is called "umami," which is now recognized as one of the five basic tastes.

Chapter **3**

食文化

語句

☐ broth だし ☐ red meat（牛、豚などの）肉 ※鶏肉や魚肉は white meat。
☐ staple food 主食 ☐ dried bonito かつお節 ☐ shave 削る ☐ seaweed 海藻
☐ Intangible Cultural Heritage 世界無形遺産 ☐ savory 良い味・香りのする
☐ ingredient 成分 ☐ five basic tastes 五大味覚

File 16. 日本酒

日本酒は米から作ったお酒

日本酒の主原料は米と水です。米を蒸したあと、水、米麹、酵母を混ぜて発酵させて作ります。日本酒はとても強いお酒だと思うかもしれませんが、アルコール度数は 15%前後で、ワインとほぼ一緒です。日本酒は古くから日本人の主食であった米から作られるため、神聖な飲料として、神社での結婚式など特別な行事の際に飲まれます。お酒は酒蔵や参拝者から奉納されるので、神社によっては奉納された酒樽が並んでいるのが見られます。

日本酒は和食によく合います。次に和食を食べる際に、ぜひ飲んでみてください。

説明のポイント

日本酒の原料や作り方を説明することも大切ですが、いくら口で説明しても、実際に味わってみなければ実感してもらえません。一緒に食事をする機会があれば勧めてみましょう。また、酒蔵や酒店などで試飲させてくれるところもあります。

日本酒の味わいの特徴を示す指標には以下のようなものがあります。

- 精米歩合 (rice polishing rate)
- 精米歩合が高い吟醸酒や大吟醸酒は sake from highly polished rice と言います。

- 日本酒度 (indicator of sweetness of sake)
  −であるほど甘口 (sweet)、＋であるほど辛口 (dry) です。

- 酸度 (acidity)
  高いと濃厚 (rich)、低いと淡麗 (light) です。

File 16. Sake

Sake is an alcoholic beverage made from rice.

The main ingredients of sake are rice and water. After the rice has been steamed, it is fermented with water, rice malt and yeast to create sake. You might think that sake is a super strong alcohol, but actually, its alcohol content is about 15 percent, which is roughly the same as some wines. Because sake is made from rice, which has long been our staple food, it is considered a sacred drink and consumed at special ceremonies, such as weddings at Shinto shrines. That sake is donated by the breweries and individual worshippers, and you may see a number of sake barrels displayed in lines at some shrines.

Sake goes well with Japanese food. Please make sure to have some next time you're eating Japanese.

Chapter 3　食文化

語句

☐ sake 日本酒　☐ made from ～ ～から作られる　☐ ferment ～を発酵させる
☐ rice malt 米麹　☐ yeast 酵母　☐ alcohol content アルコール度数
☐ brewery 醸造所、酒蔵　☐ worshipper 参拝者　☐ go well with ～ ～によく合う

File 17. 発酵食品

発酵食品は日本人の長寿の１つの秘訣

日本は湿気が多いので、カビがよく発生し、日本人はカビとともに
暮らさざるを得ませんでした。しかし多くの日本食、たとえば、み
そ、しょうゆ、日本酒などは、そのカビの働きを利用して作られて
います。「麹」と呼ばれるカビによって発酵した食品は、多くの日
本食に使われています。これらは料理の風味を良くするとともに体
にも良いのです。その１つが納豆で、好き嫌いが分かれるようでは
ありますが、素晴らしい健康食品です。日本人は世界有数の長寿国
ですが、その理由の１つが発酵食品ではないかと思います。
もちろん、他の国にもチーズなどの発酵食品はたくさんありますが、
ぜひ日本の発酵食品も試してみてください！

説明のポイント

日本食が洋食と異なる大きなポイントが、別項で紹介した魚や海藻から
取っただしと、この発酵食品です。どちらもさまざまな料理で使われて
いるので、日本食を説明する際には不可欠です。百聞は一見にしかず。
口で説明するだけでなく、ぜひ一緒に食事をして味わってもらってくだ
さい。納豆はハードルが高いかも知れませんが、海外での日本食ブーム
に伴って、みそやしょうゆは好きだという人も増えています。日本酒に
も米麹というカビが使われています。酒蔵を訪れる機会があれば、製造
過程を簡単に説明できるとよいでしょう。

File **17.** Fermented food

Fermented food is one of the secrets of Japanese longevity.

Because of the country's humidity, mold grows easily in Japan, and everyone just has to live with it. However, many Japanese foods, such as *miso,* fermented soybean paste, *shoyu*, soy sauce and sake, actually take advantage of this mold activity. Foods fermented by a mold called *koji* are used in many Japanese dishes. They not only enhance the flavor of the dishes but are also good for your health. One such food, *natto*, fermented soybean, seems to be either loved or hated, but it is wonderfully healthy. Japan boasts one of the highest life expectancies in the world, and I think fermented foods may be one of the reasons for that.

Of course, a lot of fermented foods, such as cheeses, are available in other countries as well, but please make sure to try the Japanese ones!

Chapter 3

食文化

語句

☐ fermented 発酵した ☐ longevity 長寿 ☐ humidity 湿気 ☐ mold カビ
☐ live with ～ ～と共存する、～を我慢する ☐ take advantage of ～ ～を利用して
☐ enhance the flavor 風味を増す ☐ life expectancy 寿命

File 18. そば

そばは日本ならではの麺

日本には、うどん、ラーメンなど、さまざまな麺類があります。中でも日本独特なのはそばです。そばはそば粉から作られます。そば粉を使った料理は海外にもありますが、麺に使用しているのは日本だけです。

そばは美味しい料理ですが、それだけでなく、生活文化の一部でもあります。たとえば、大みそかには多くの人がそばを食べます。麺が細長いことから、新年を前に「長寿や、家が長く続く」ようにと祈るのです。また、引っ越した際、近所にそばを配る習わしがあります。日本語の「そば」には「近く」という意味もあるので、この贈り物は「そばに越して来たので、長くお付き合いください」というメッセージになるのです。さて、私たちの友情が長く続くように、一緒にそばを食べませんか。

説明のポイント

日本の麺類というと海外ではラーメンが有名ですが、そばやうどんなど、その他の麺類も紹介しましょう。熱い汁に入ったそばと、冷たいざるそばがあるのも独特です。ただし、多くのそばには小麦も使われています。海外には小麦アレルギーの人も少なくなく、そば粉なら大丈夫だろうと思っていると大変なことになるので注意してください。

ちなみにそばを食べる際にする音を立てる（slurp）ことは、日本ではマナー違反ではありません。むしろ、そばは空気を吸い込みながら食べることで、風味が増すとも言われています。

···· File **18.** Soba (buckwheat noodles)

Buckwheat noodles are unique to Japan.

There are many types of noodles in Japan, such as *udon* and *ramen*. Among them, *soba* is unique to Japan. *Soba* is made from buckwheat flour. While buckwheat flour is used in a lot of dishes around the world, it is only in Japan that it is used to make noodles.

Soba is a tasty cuisine, but it is also a part of our life and culture. For example, many Japanese eat *soba* on New Year's Eve. Because *soba* noodles are long, we hope for "longevity and a long-lasting family" before welcoming the New Year. Also when we move to a new home, we have a custom of giving *soba* to the neighbors. In the Japanese language, "soba" also means "close," so the gift implies: "I have moved close to you, and I would like us to have a long-lasting relationship." Now, shall we eat *soba* together for our long-lasting friendship?

Chapter 3

食文化

語句

☐ buckwheat そば ☐ unique to 〜 〜に特有の ☐ (be) made from 〜 〜から作られる
☐ flour 粉 ☐ New Year's Eve 大みそか ☐ longevity 長寿 ☐ long-lasting 長く続く
☐ custom 習慣 ☐ imply 暗に伝える

File 19. ラーメン

ラーメンは中国発祥の日本料理

そばと並んで代表的な日本の麺類がラーメンです。ラーメンはもともと中国が発祥ですが、日本流にアレンジして独自の発展を遂げてきました。麺と一緒に提供されるスープは、肉や魚など、さまざまな食材から作られています。特に豚肉からだしを取った九州のとんこつラーメンは有名です。また、麺をつけて食べるつけ麺という料理もあります。これは、麺と濃いスープが別々に提供される料理です。

ラーメンは外国人観光客にも人気ですが、イスラム教徒の方は豚が食べられないので、煮干しや鶏ガラだしのラーメンがお勧めです。また、動物性のだしを使わない、ベジタリアンラーメンを提供する店もあります。最近では日本のラーメンチェーン店は海外進出しており、ラーメン発祥地の中国にも進出しています。

説明のポイント

ラーメン以外にも、外国発祥で、それを日本流にアレンジした食品や製品はたくさんあります。たとえば、アメリカから伝わった大きな自動車を、日本の道路に合わせて小型化したりしています。日本人は外国のものを単にコピーするだけではなく、それを自国の習慣や好みに合わせるのが得意なようです。そんな日本の特徴をお話ししてみても興味を持っていただけるでしょう。

お客様にラーメンが食べたいと言われたら、宗教やアレルギーなどによる食事制限があるかどうかを聞きましょう。食事制限のある人を案内できる店を事前に調べておくといいでしょう。

····File 19. Ramen

Ramen is a Japanese dish that originated in China.

Ramen is a typical Japanese noodle dish, just like *soba*, buckwheat noodles. While *ramen* originated in China, it has developed in a uniquely Japanese way. The soup the noodles are served in or with is made from various ingredients, including different types of meat and fish. Kyushu's pork soup *ramen* is especially famous. We also have a dipping-noodle dish called *tsukemen*, whose noodles and thick soup are served separately.

Ramen is very popular with foreign tourists, but as Muslims cannot eat pork, a soup made from dried fish or chicken is recommended for them. Also, there are vegetarian *ramen* shops, which don't use any parts of animals in their dishes. Japanese *ramen* chains have expanded abroad recently, including in China — the country that invented *ramen*.

Chapter **3** 食文化

語句

☐ originate in ～ ～が発祥である　☐ ingredient 食材　☐ dipping-noodle 麺をつける
☐ Muslim イスラム教徒　☐ vegetarian ベジタリアン　☐ expand abroad 海外進出する
☐ invent ～を発明する

File 20. カレーライス

日本はインド料理のカレーをカレーライスという日本料理にした

カレーはインドを代表する料理です。インドでは通常、チャパティーやナンにさまざまなカレーソースを付けて食べますが、日本ではカレーはやや独自の進化を遂げました。ご飯の上に、とろみのついたカレーを掛けて食べるのです。カレーライスは多くの日本人、特に子どもたちに好まれています。子どもの好きな料理ではしばしば一番に選ばれており、代表的な家庭料理と言えるでしょう。ふだんは食べない野菜を子どもに食べさせる絶好の機会をくれる料理でもあります。

カレールーは食料品店で買えて、簡単に作れます。親が「今日、カレーはどう?」と聞く時は、疲れていてメニューを考えるのが面倒くさい時かも知れません。

説明のポイント

日本のカレーの特徴としては他にも、甘めから超辛口まで辛さを選べるお店がある、うどん・そば・ラーメンの汁にカレーを溶かしたものを混ぜることもある、といった説明もできます。また、日本にはインド料理店がたくさんあり、ベジタリアンに対応している店も多くあります。日本料理が苦手なインドや中東系の人を連れて行くと喜ばれるでしょう。

ちなみに日本の小学生の好きな料理は、1位がカレーライス、2位がすし、3位が鶏の唐揚げ、4位がハンバーグ、5位がラーメンとなっています(2014年「ぐるなび」調査より)。

File 20. Curry rice

Japan transformed Indian curry into a Japanese dish known as "curry rice."

Curry is a typical Indian dish. In India, they usually eat curry with chapati or nan with various kinds of curry sauces, but curry has developed in a rather unique way in Japan. Normally, we put thickened curry sauce on top of rice. Many Japanese, especially children, love it. Children often select curry rice as their favorite food, and you could call it a typical home-cooked meal. The dish offers a good opportunity to get children to eat the vegetables that they won't normally eat.

You can buy curry roux at food shops and it is easy to cook. When parents say to their kids, "Would you like some curry rice today?" it may be because they are too tired to think about what to cook.

Chapter 3

食文化

語句

□ chapati チャパティ □ nan ナン □ thickened 濃くした、とろみをつけた
□ home-cooked meal 家庭料理 □ roux ルー ※フランス語。

File 21. 弁当

小さな箱に詰めたカラフルなランチ

日本食は今や世界的にブームですが、日本式の折詰の食事、弁当も世界で注目されています。携帯食は世界中にありますが、弁当が日本で発達した大きな理由としては、冷めても美味しく食べられるからです。もともとお弁当作りはとてもシンプルでした——おにぎりを作ったり、白いご飯の真ん中に梅干しを乗せて日本国旗のようにしたりしていました。しかし、最近は小さな箱に色とりどりの食材を詰めるのが人気です。赤、黄、緑の食材をそろえることで、見た目が華やかになるだけでなく、栄養バランスも整います。子どもは特にアニメキャラクターをデザインした弁当を喜びます。

弁当は冷たい状態で食べるのが普通でしたが、現代では「ホカ弁」と呼ばれるできたての温かい弁当を販売する店がたくさんあります。

説明のポイント

日本文化の特徴の１つに、限られたスペースの中で美を表現するということがあります。たとえば箱庭や盆栽や床の間などがその例ですが、お弁当箱に色とりどりのおかずを詰める弁当もその１つと言えるでしょう。また、限られた文字数で季節や自然を表現する和歌や俳句なども同じかも知れません。このように考えていくと、１つの話題からさまざまな話題に広げていくことができます。

日本の弁当文化の豊かさを紹介するなら、デパートの地下食品売場に案内してあげたり、キャラ弁の写真などを見せてあげたりするのもいいですね。きっと驚き、喜んでくれることでしょう。

File 21. Bento

A *bento* is a colorful lunch packed into a small box.

Japanese food is now popular all over the world, and Japanese-style packed *meals* called *bento* have been drawing a lot of attention. Portable foods exist everywhere in the world, but the big reason why *bento* have developed in Japan is that you can enjoy them even after they go cold. Originally, cooking a *bento* was very simple — you just made some rice balls or placed a pickled plum in the middle of plain rice, which made it look like the Japanese flag. But it has now become the trend to create a *bento* box filled with colorful foods. By adding red, yellow and green foods, *bento* is not only gorgeous-looking but also nutritiously balanced. Children especially love any *bento* decorated with anime characters.

Bento used to be eaten cold, but there are now many shops that sell freshly prepared *bento* called "hokaben," meaning hot *bento*.

Chapter **3**

食文化

語句

☐ pack 〜を詰める　☐ draw attention 注目される　☐ go cold 冷める
☐ pickled plum 梅干し　☐ gorgeous-looking 見た目が華やかな、豪華な
☐ nutritiously balanced 栄養バランスの整った　☐ freshly prepared 調理したての

File 22. 日本茶

緑茶も紅茶も、同じ茶葉から作られている

多くの人が緑茶と紅茶は別の茶葉から作られていると誤解していますが、実は同じ茶葉から作られています。製法が違うので、色も味も別のものになるのです。紅茶は茶葉を発酵させて作ります。一方、緑茶は茶葉を蒸したあとに、揉みながら乾燥させて作るのです。日本茶には、緑茶を炒ったほうじ茶や、緑茶の葉を挽いた抹茶など、さまざまな種類があります。抹茶は昔から主に茶道で使用されていますが、最近ではアイスクリームやデザートに使用したり、抹茶ラテのような飲料に使われたりもします。和洋折衷ですね！

もう1つ、緑茶の興味深い点としては、ビタミンCやカテキンという抗酸化物質が多く含まれているので、お肌や健康にも良いということです。

説明のポイント

食堂で無料で緑茶やほうじ茶が出てきたり、観光ツアーで茶畑を訪問したり茶道体験をしたりすることも多く、日本茶は外国人観光客が身近に触れられる日本文化と言えるでしょう。日本庭園などで抹茶をいただくこともあるので、茶道の簡単な紹介ができるといいですね。

抹茶は苦くて嫌いだという方もいますが、苦みは五大味覚（five basic tastes、すなわち甘味 sweetness、酸味 sourness、塩味 saltiness、苦味 bitterness、旨味 umami or savoriness）の1つです。外国にもコーヒーやビールなど苦い飲料はあるので、「その苦さがおいしさなのだ」と説明すると納得してもらえるでしょう。

File 22. Japanese Green tea

Both green tea and black tea are made from the same type of tea leaves.

A lot of people wrongly think that green tea and black tea are made from different types of tea leaves, but actually, they're not. Because of a difference in the manufacturing process, the leaves turn into different colors and flavors. Black tea is made by fermenting the tea leaves while green tea is made by steaming them, followed by kneading and then drying them. Japanese tea includes various types, such as *hojicha*, which is roasted green tea, and *matcha*, which is made by grinding the green tea leaves. *Matcha* has traditionally been mainly used in tea ceremonies, but recently it can be found in ice cream and other desserts as well as drinks like *matcha* latte. It can be considered a fusion of Japanese and Western cultures!

Another interesting thing about green tea is that it contains a lot of vitamin C and an antioxidant called catechin, which is good for your skin and health.

Chapter 3

食文化

語句

☐ black tea 紅茶　☐ manufacturing process 製法　☐ ferment 〜を発酵させる
☐ knead 〜を揉む　☐ roast 〜を炒る　☐ grind 〜を挽く　☐ fusion 融合
☐ antioxidant 抗酸化物質　☐ catechin カテキン

File 23. 食品サンプル

食品サンプルを見て料理を選べる

日本のレストランで最も興味深いことの1つはメニューの提示の仕方です——食品サンプルを使うのです。海外では、レストランのメニューを見るだけでは、実際にどんな料理なのかがわかりづらいものです。その点、日本では店頭でプラスチック製の料理サンプルを見られるので、店に入るかどうかを決められるし、どの料理を注文するか選ぶこともできます。とても便利ですよね。しかも、食品サンプルはとてもリアルなので、本物と間違える観光客もたくさんいます。

食品サンプルを販売する専門店や、制作体験ができる工房もありますので、試しにやってみませんか。

説明のポイント

町を歩いていれば必ず食品サンプルを飾っている飲食店の前を通りますので、その機会にぜひこの話題を出してみてください。日本人には当たり前の光景でも、多くの外国人観光客が興味を持つものの1つです。Do you think these are real dishes?（これは本物だと思いますか？）と聞いてみるのもいいでしょう。（笑）

File 23. Food replicas

You can choose what you want to eat by looking at the food replicas.

One of the most interesting things about Japanese restaurants is the way they present their menu items: they use food replicas. In many countries, it is difficult to know what the dishes actually are by just looking at the restaurant's menu. In Japan, you can see plastic models of the food in a window display, so you can decide whether or not to enter and what you want to order. It is very helpful, isn't it? And the models are so realistic-looking that some visitors think that they are the real food.

There are shops specialized in selling food replicas and workshops where you can try making them by yourself. Would you like to give it a go?

Chapter 3 食文化

語句
- [ ] whether or not to 〜 〜するかどうか [ ] realistic-looking 本物そっくりの
- [ ] (be) specialized in 〜 〜を専門とする [ ] give it a go 試しにやってみる

File 24.　満員電車

日本では毎日、満員電車に 1 時間乗って通勤する

日本の会社員は大変です。自宅から会社までの平均通勤時間は約 1 時間です。都会に住んでいるほとんどの人は電車で通勤しています。都会の公共交通機関はとても便利ですが、朝のラッシュアワー時は混雑がひどく混雑率が 200%という路線もあります！　混雑する路線の駅には押し屋というスタッフもいて、実際に客を満員電車に押し込みます。他の乗客と一緒にぎゅうぎゅう詰めになっているので、本や新聞も読めず、携帯電話も見られません。ただひたすら耐えるしかありません。立ったまま眠っている人もいます。

日本人の多くはマイホームを持つのが夢ですが、土地が高価なので、郊外にしか家を持てません。だから多くの通勤客に囲まれて毎朝都心まで長時間かけて通うことになるのです。あなたも満員電車を体験してみたいですか？

説明のポイント

日本の朝のラッシュアワーは YouTube などでも頻繁に紹介されていて、海外の人にも知られています。「本当に今でも押し屋がいるのか」と聞かれることもあります。怖いもの見たさで乗ってみたいという観光客もいますよ。

File **24.** Super-crowded trains

Japanese commuters take an hour to get to work each day aboard super-crowded trains.

It is difficult to be a Japanese businessperson. The average commuting time from home to the office is about an hour. Most of the people in Japan's big cities choose to get to work by train. Public transportation in those cities is very convenient, but the trains can get extremely crowded during the morning rush hour. Some train lines have a congestion rate approaching 200 percent! There are workers called pushers who actually push the passengers into the jam-packed cars. The commuters are completely squashed together with other passengers, so there is almost no room to read books or newspapers or look at their phones. The only thing they can do is endure. Some people sleep while standing.

Many Japanese dream of owning a house, but because land prices are so expensive, they can afford only a home in the suburbs. So they need to join the millions of others in that long commute to the center of the city each morning. Would you like to try riding such a crowded train?

語句
- commuter 通勤する人　☐ public transportation 公共交通機関
- rush hour ラッシュアワー　☐ congestion rate 混雑率　☐ pusher 押し屋
- endure 耐える　☐ can afford ~ ~を買うことができる

File 25. 長時間労働

日本の会社員は休暇を取ることに罪悪感を覚える

日本には年間の祝祭日が18日（訳注：2020年現在）あります。会社員の夏季休暇、正月休暇はそれぞれ1週間前後あります。さらに有給休暇も年間最大20日間取ることができます。数字を見ると、日本は他の国と比べて休日が多いように思えますが、必ずしもそうではありません。

週末に出勤したり、休日に接待ゴルフなどをする人もいます。また、有給休暇の取得率は50％程度にとどまります。日本人は上司や同僚が忙しくしていると、長期休暇を取ることに気がとがめるのです。残業についても同じで、その日の自分の仕事が終わっても同僚たちより先に帰りづらいのです。他人の目を気にしすぎる日本人的な特徴の1つと言えるかもしれません。

説明のポイント

日本人のワーカホリックぶりは外国の人にも有名ですが、海外には社員の有給休暇100％取得を会社に義務付けている国もあり、「なぜ休みを取らないの？」と不思議に思われることもあります。さらに、上司から誘われると断りづらい飲み会のこと、家計は主婦が握り夫は安い小遣いでやりくりしていることなど、日本の典型的なサラリーマンの生活を紹介してもよいでしょう。

日本的な労働慣習、たとえば終身雇用制度（lifetime employment system）、年功序列制度（seniority system）などは、転職が当たり前になったり、能力主義を取り入れる会社が増えたりしていることから、過去のものになりつつあります。

File 25. Long working hours

Japanese employees feel guilty about taking their holidays.

There are 18 national holidays in Japan. Japanese employees can have a one-week holiday both in the summer and in the New Year. Furthermore, they can have up to 20 days' paid holidays per year. When you see the numbers, we seem to have more holidays than people in some other countries, but that's not really the case.

Some employees go to the office on the weekend and some spend their holidays playing golf with clients. The average usage rate of paid holidays is only about 50 percent. Japanese people feel guilty taking long holidays when their bosses or colleagues are busy. It is the same thing for overtime work. Though employees may have finished their work for the day, they feel uneasy to leave before their co-workers. This intense worrying about what other people think might be a Japanese characteristic.

Chapter 4

日常・街角の風景

語句

☐ feel guilty 気がとがめる　☐ national holiday 国民の休日　☐ furthermore さらに
☐ paid holiday 有給休暇　☐ (be) not really the case 必ずしもそうではない
☐ usage rate 使用率、取得率　☐ colleague ／ co-worker 同僚
☐ intense worrying about what other people think 人目を過度に気にすること
☐ characteristic 特徴

File 26. 超高齢化社会
日本は高齢者の割合が世界一

2018年の推計によれば、65歳以上が日本の人口に占める割合は約28%で、日本は世界一の高齢化社会になっています。その理由の1つとして、日本人の長寿が挙げられます。日本の平均寿命は84.2歳で世界一の長寿です。そして寿命は年々伸びています。一方、出生率は年々減少しており、現在1.4人です。そのため、日本の人口は2008年がピークで、それ以降減少を続けています。労働人口の減少は深刻で、特に肉体労働者や単純労働者は常に不足しています。コンビニやファミレスは24時間営業を続けられなくなってきました。

高齢世代の年金を支える若い世代が足りないので、多くの人が公的年金制度の将来を心配しています。私の世代は年金が十分にもらえないかもしれません。

説明のポイント

お客様に日本の高齢化社会の話をすると、「私の国でも同じ」という反応が返ってきます。少子高齢化は世界的なトレンドですが、その中でも日本は一番先頭を走っているので、日本の未来は彼らの未来であるかもしれません。高齢化によって、どのような問題が起こっているのかを説明すると、真剣に聞いてくれますよ。

···· # File 26. A super-aging society

Japan has the world's oldest population.

According to 2018 estimates, about 28 percent of Japan's population is above the age of 65, making it the most aged society in the world. One of the reasons is that Japanese people live long lives. The average life expectancy in Japan is 84.2, which is the longest in the world. And the life expectancy is increasing every year. On the other hand, the birthrate is decreasing year by year. It is 1.4 now. The population peaked in 2008, and it has been declining since then. Japan is now experiencing a serious labor shortage, especially for manual and low-skilled work. Convenience stores and family restaurants have been unable to continue their 24-hour operations.

And without enough younger generations to support the pensions of the older generations, many people are worried about the future of the public pension system. People of my generation may not be able to receive enough pensions.

語句

☐ estimate 推定値　☐ aged society 高齢化社会　☐ average life expectancy 平均寿命
☐ birthrate 出生率　☐ decrease／decline 減少（する）　☐ shortage 不足
☐ manual work 肉体労働　☐ low-skilled work 単純労働
☐ public pension system 公的年金制度

File 27. 学校制度

日本では小中学校が義務教育

日本では6歳で小学校に入学し、小学校に6年間、中学校に3年間通います。この9年間が義務教育期間です。私立の小中学校もありますが、ほとんどの生徒は近隣の公立の小中学校に通います。高校は義務教育ではありませんが、現在99％の生徒が高校に進学しています。高校に入学するには入学試験があります。そのため、多くの生徒は学校が終わってから、入学試験準備のための「塾」に通っています。

新学期が始まるのは4月です。日本では政府や多くの会社の会計年度も4月に始まります。3学期制で、1学期と2学期の間に約40日の夏休みがあります。夏休みの前に宿題が出されますので、生徒は休みの間も勉強しなければなりません。

説明のポイント

日本の教育制度には多くの方が興味を持っていて、自国とどう違うのかが気になるようです。街角や観光地で小学生や中学生を見かけることも多いので、制服 (school uniform)、集団登校 (go to school in groups)、修学旅行 (school trip)、学習塾 (cram school) など、外国の方には珍しいことを説明してあげるとよいでしょう。

File **27.** The school system

Elementary and junior high schools are compulsory in Japan.

In Japan, children enter elementary school at 6 years old. They go to elementary school for six years and then junior high school for three years. These nine years of education are compulsory. There are some private elementary and junior high schools, but most of the students go to nearby public schools. Higher education is not compulsory, but 99 percent of the students do go on to senior high school. Every student has to pass an examination to enter a senior high school. So, many students attend a *juku*, a cram school, after school to prepare for the entrance exams.

The school year starts in April. In Japan, the fiscal year for the government and many companies also starts in April. There are three semesters, and there are about 40 days of summer vacation between the first and second semesters. The students are assigned homework before their summer vacation, so they have to study even during the holidays.

Chapter **4**

日常・街角の風景

語句

- [ ] elementary school 小学校 　[ ] compulsory 義務の、必修の 　[ ] nearby 近くの
- [ ] public school 公立学校 　[ ] go on to ～ ～に進学する 　[ ] school year 学年度
- [ ] fiscal year 会計年度 　[ ] semester 学期

File 28.　マスク
日本人は花粉を防ぐためにマスクをする

多くの日本人がマスクをしていることに気づきましたか？　マスクをしている一番の理由は、彼らが花粉症に悩まされているためです。特に春には、多くのスギ花粉が飛んでいます。また風邪をひくとマスクをして、周りの人に染さないようにします。あるいは周りに風邪をひいている人がいたら、マスクで防御して菌をもらわないようにします。決して日本の大気汚染がひどいということではありませんので、誤解しないでください。

主婦がマスクをするもう１つの理由は、化粧をしていない時に顔を隠すためということもあります。スーパーに行くだけのために化粧をしたくないですから。

説明のポイント

こちらから説明する前に、日本人がマスクをしている理由を聞かれるかも知れません。外国の人は「公害がひどいからマスクをしているのでは」と思うようなので、そうではないことをきちんと伝えましょう。また、菌を撒き散らさないというのは、相手を思いやる日本人らしい奥ゆかしさ（Japanese modesty）として紹介してもよいでしょう。

· · · · · **File 28. Surgical masks**

Japanese people wear surgical masks to protect themselves from pollen.

Have you noticed that many Japanese people wear surgical masks? The main reason for the mask is that they suffer from hay fever. Especially in spring, there is a lot of cedar pollen in the air. Also, when people have a cold, they wear a mask so that others won't catch it. And if people around them have colds, a mask can protect them from the germs. So please don't misunderstand these masks to mean that there is a serious air pollution problem in Japan. One other reason that some housewives wear a mask is to hide their face when they are not wearing makeup. They don't want to put on makeup just to go to the supermarket.

語句

☐ surgical mask マスク ※ mask だけだと仮面などさまざまな意味になる。
☐ suffer from 〜 〜に苦しむ ☐ hay fever 花粉症 ☐ cedar pollen スギ花粉
☐ air pollution 大気汚染 ☐ wear makeup ／ put on makeup 化粧する

File 29. 自動販売機

飲料だけで250万台もの自動販売機がある

日本にはそこら中に自動販売機があり、たばこ、菓子から、ハンバーガーのような温かい食品まで、さまざまな種類のものが売られています。その中でも飲料の自動販売機は250万台あり、50人に1台あるという計算になります。飲料会社は、少しでも販売の機会を増やしたいと考えて、国中に自動販売機を設置しています。これは通行人にとっても便利です。興味深いことに、同じ自動販売機から冷たい飲料と温かい飲料の両方が買えます。

ところで、日本では自動販売機が壊されてお金が盗まれる心配がほとんどありません。たとえ壊されたとしても、最近は電子マネーで買う人が多く現金があまり入っていないでしょうから、泥棒もがっかりするでしょう。

説明のポイント

外国人観光客は、日本の街中にたくさんの自動販売機があるのを見て驚きます。自国で路上に置いてあったら壊されてしまうだろうと思っているからです。日本の治安の良さを実感してもらえる良い例ですね。また、「自動販売機に高額紙幣を入れたとき、商品やお釣りがちゃんと出てくるのか心配だ」という声も耳にします。これは技術大国としての日本を紹介できる場面です。

たばこを自動販売機で購入するにはTASPOという、成人であることを証明するICカードが必要なことも付け加えておきましょう。子どもでも自由にたばこを買えると思う方が多いので、誤解を解きましょう。

File 29. Vending machines

There are 2.5 million drink vending machines in Japan.

Vending machines are everywhere in Japan, and they sell a great variety of items, including cigarettes, snacks and even hot foods like hamburgers. Among them, there are 2.5 million drink vending machines, meaning there is one such machine per 50 people. The drink makers distribute these machines throughout the country because they want to have as many opportunities as possible to sell their products. It is convenient for passers-by, too. An interesting thing is that you can buy both cold drinks and hot drinks from the same machine.

By the way, there is very little worry that the machines might be vandalized. Even if a machine is broken into, the thief would be disappointed because many people use e-money nowadays and so there is unlikely to be much cash.

語句

☐ vending machine 自動販売機　☐ cigarette タバコ　☐ per 〜 〜ごとに
☐ distribute 分配する　☐ passers-by 通行人 ※複数形。　☐ vandalize 〜を壊す
☐ e-money 電子マネー ※ electronic money とも言える。　☐ nowadays 最近では

File 30. 点字ブロック

視覚障害者のために日本人が発明

歩道にある黄色い線は点字ブロックです。これは1960年代に日本の発明家が開発し、岡山市で最初に導入されました。ブロックには2種類あります。1つは「誘導ブロック」と呼ばれるもの。線状の突起があり、歩く方向を示します。もう1つは「警告ブロック」と呼ばれるもの。丸く盛り上がった点状のもので、横断歩道の前や駅のホームの端などで見られます。点字ブロックが明るい黄色であるのは、弱視者が見つけやすいようにするためです。

ところで、交差点で青信号になった時に、音楽や鳥のさえずる音をお聞きになったことがあるでしょう。これも、視覚障害者のための仕掛けです。日本はもっと便利で視覚障害者に優しい国になるべく努力しています。

説明のポイント

点字ブロックは海外にもありますが、これだけ多く町中に見られるのは日本だけです。ですから、多くの外国人観光客から「これは何？」と質問されます。なお、視覚障害を表す英単語の blind は差別用語ではありませんが、気になる方は、他に visually impaired という単語もありますので、入れ替えて使ってみてください。

File 30. Tactile paving

Tactile paving was first developed by a Japanese inventor for the blind.

The yellow lines you see on sidewalks are called *tenji* blocks, or tactile paving. It was developed in the 1960s by a Japanese inventor, and first introduced in the city of Okayama. There are two types of blocks. One is the "leading blocks". It has linear ridges to guide the blind along the route. The other one is the "warning blocks". It has round raised dots, and this type is found at pedestrian crossings and near the edges of station platforms. Tactile paving is bright yellow so that people with weak eyesight can recognize it easily.

By the way, you may have heard some music or sound of birdsong when the traffic light changes to green at an intersection. That is also a device to aid the blind. Japan is working hard at making the country more accessible and blind friendly.

語句

☐ tactile paving 点字ブロック ※ tactile は「触覚の」、paving は「敷石」。
☐ sidewalk 歩道　☐ linear 線状の　☐ ridge 細長い突起　☐ platform プラットホーム
☐ weak eyesight 弱視　☐ recognize 認識する　☐ birdsong 鳥のさえずり
☐ device 装置、仕掛け　☐ ～ friendly ～にやさしい

日常・街角の風景

File 31. 新幹線

新幹線は世界一の定時性と安全性を誇る

新幹線はその形と速さから、英語では弾丸特急と呼ばれています。新幹線は1964年に東京と新大阪の間で営業を開始しました——東京オリンピックの年です。今では北海道、本州、九州がすべて新幹線でつながっています。当初の最高速度は時速200キロメートルでしたが、現在では時速320キロメートルです。新幹線は世界一速い列車ではありませんが、2つの点で世界一です。1つは定時性。遅延することはまれで、1分遅れただけでもお詫びの車内放送があります。また安全性も高く、長い歴史の中で大きな事故はほとんど発生していません。

迅速で効率的な車内清掃も世界中の注目を集めています。実際に、彼らはわずか7分で清掃を済ませるので、それは「7分間の奇跡」と呼ばれています。

説明のポイント

新幹線には多くの外国人観光客が興味を持ちます。乗ってみたいという人も多いことから、多くのツアーに「新幹線体験乗車」が含まれています。もし一緒に乗る機会があれば、少し早目に駅に行って通過列車を見てもらいましょう。乗っている時よりもスピードと迫力を実感でき、喜んでもらえること請け合いです（ただし、新横浜、名古屋、京都など主要駅ではすべての新幹線が停車しますので通過列車は見られません）。

グリーンカーは1等車両（First Class）を意味します。もともと、1等車の車体に緑の線が描かれていたことに由来します。北陸新幹線には Gran Class というさらに上のクラスの座席ができました。また、2027年の開業に向けて、リニアモーターカー（Magnetic levitation trains）の建設が進んでいます。

· · · · · **File 31. The shinkansen**

The *shinkansen* boasts the world's highest rate of punctuality and safety.

The *shinkansen* is called the bullet train in English because of its shape and speed. It started operation between Tokyo and Shin-Osaka in 1964 — the year of the Tokyo Olympics. Now, Hokkaido, Honshu and Kyushu are all connected by *shinkansen* lines. The train's highest speed in its early days was 200 kilometers per hour, but now it is 320 kilometers per hour. The *shinkansen* is not the fastest train in the world, but it ranks first in two categories. One is its punctuality. The trains are rarely delayed, and if they are delayed by even one minute, announcements of apology are made. Also, the *shinkansen* boasts a high degree of safety. There have been very few accidents in its long history.

The quick and efficient cleaning of the train cars has attracted global attention. In fact, they finish the cleaning in only seven minutes. It has been described as "a seven-minute miracle."

Chapter 4

日常・街角の風景

語句

☐ punctuality 正確さ　☐ bullet train 超特急列車、新幹線　※ bullet は「弾丸」。
☐ per hour 1 時間あたり　☐ rarely 滅多に～しない　☐ delay 遅延する
☐ a high degree of ～ 高いレベルの～　☐ efficient 効率的な
☐ attract attention 注目を集める

File 32. ゴミ箱

ゴミ箱がないのにゴミが落ちていない不思議な国

日本の道路にはほとんどゴミが落ちていません。にもかかわらず、道端にはゴミ箱がありません。海外から来た方にとっては不思議なことです。日本人は、もしゴミが出てしまったらゴミ箱を見つけるまで持ち歩くか、見つからなければ家に持ち帰ります。

日本人がゴミを散らかさない理由はいくつか考えられます。まず、日本人は他人の目を気にするので、軽蔑されるような行為はしません。また、日本人は小学校で自分の教室を自分たちで毎日掃除をしていたころから、掃除をすることを学んでいます。自分が使用する場所を自分できれいに保つのです。自分が住む場所も同じです。自分の町や国、あるいは地球さえもきれいに保つよう子どもの頃からしつけられています。

説明のポイント

外国人観光客に日本の印象を聞くと、ゴミが落ちていなくて町が清潔なことを挙げる人が多いです。そして「でも、どうして？」と質問されます。上記のように精神性や習慣を理由として挙げるとよいでしょう。また、精神性をさらに掘り下げて、恥を感じて生きるより切腹を選んだ武士の精神が今も息づいているという答えも興味を持って聞いてもらえます。

· · · · **File 32.** Trash cans

Japan is a strange country because there is no litter on the street despite a lack of trash cans.

There is not very much litter on the streets of the cities in Japan, even though there are few trash cans around. It is a mystery for some overseas visitors. When people do have some garbage, they keep it with them until they find a trash can somewhere. If they can't find any, they just take it home.

I can think of a few reasons why Japanese people do not litter. Firstly, we worry about what other people think, so we try not to do things looked down on by others. Also, we learn to clean up while still in elementary school, when we have to clean our classrooms each day. We keep clean the places that we use by ourselves. It's the same thing for the places where we live. From childhood, we are taught to keep clean our town, our country and even the planet itself.

Chapter 4

日常・街角の風景

語句

☐ litter ゴミ／ゴミを散らかす　☐ despite ～にもかかわらず　☐ lack of ～ ～がないこと
☐ trash can ゴミ箱　☐ look down on ～ ～を軽蔑する、～を見下す
☐ childhood 子どもの頃

File 33.　浮世絵

浮世絵は印象派に影響を与えた

浮世絵は江戸時代に発達した絵画です。主な題材は、美しい女性（美人画）、役者（役者絵）、風景（風景画）、日常生活（風俗画）などでした。多くは木版画として大量に刷られました。安価だったので庶民の間で流行しました。この浮世絵が19世紀後半にヨーロッパに渡り、美術界に大きな衝撃を与えました。それは当時、写真が発明されて写実的絵画の意義が失われつつあり、画家たちは新たな技法を模索していたからです。浮世絵の大胆な構図、平面的な表現、輪郭線の使用などは、印象派の誕生に大きく影響しました。

逆に、日本では西洋絵画が紹介され、多くの画家が西洋絵画の手法を学びました。美術を通した東西の相互交流です。

説明のポイント

浮世絵の特徴を説明する上で、西洋絵画との比較は欠かせません。大衆のための美術という点は日本独特であるし、モネやゴッホなどの印象派・後期印象派の画家に影響を与えたという点は外国の方にとっても興味深いことです。説明する際にはスマホやタブレットなどで、画像を見せてあげるとわかりやすいでしょう。また、江戸東京博物館などでは、実際の木版を展示して、浮世絵ができあがっていく様子を紹介しているので、浮世絵に関心の強いお客様を案内するのもよいでしょう。

浮世絵の代表作には、葛飾北斎の「富嶽三十六景」（Thirty-six views of Mount Fuji）や安藤広重の「東海道五十三次」（Fifty-three stations of the Tokaido）があります。

···· **File 33. Ukiyoe**

Ukiyoe influenced the development of impressionism.

Ukiyoe is a type of art that developed during the Edo period. Its main motifs were beautiful women, actors, landscapes and scenes from everyday life. Many of the artworks were mass-produced as woodblock prints. Because these prints were not expensive, they became popular among common people. *Ukiyoe* was taken to Europe in the late 19th century, and it had a major impact on the art world. The invention of photography at that time resulted in realistic paintings losing their importance, and artists began seeking new forms of expression. *Ukiyoe*'s dynamic composition, two-dimensional style and use of outline strongly inspired the birth of impressionism.

Meanwhile, Western art was being introduced to Japan, and many Japanese artists began learning European techniques. The East and West interacted with each other through art.

Chapter 5

伝統文化・芸術

語句

☐ impressionism 印象派　☐ motif 主題　☐ mass-produce 大量生産する
☐ woodblock print 木版画　☐ common people 庶民
☐ have an impact on ～ ～に衝撃を与える　☐ realistic painting 写実絵画
☐ dynamic composition 大胆な構図　☐ two-dimensional 2次元の、平面的な
☐ outline 輪郭線　☐ interact with each other 相互作用する

File 34. 歌舞伎

男性のみが演じる伝統の舞台芸術

日本には能や文楽など、伝統的な舞台芸術がありますが、今でも一番演じられる機会が多いのは歌舞伎です。歌舞伎は約400年前に誕生し、当初は女性によってのみ演じられていましたが、役者が売春を行い、風紀の乱れが起きることを恐れた幕府が、女性の出演を禁じました。それで、男性が歌舞伎を演じるようになり、女性の役も男性が担うようになったのです。華やかな衣裳や、派手なメーク、誇張された動き、三弦の楽器である三味線による賑やかな伴奏音楽、観客席の真ん中を突き抜ける花道などの独特な舞台装置により、歌舞伎は江戸時代には大人気を博します。演目には主に江戸時代より前の時代の史実を元にした劇（時代物）、江戸時代当時が舞台の劇（世話物）、舞踊があります。東京には歌舞伎専用の劇場がありますので、一緒に行きませんか。

説明のポイント

さまざまな舞台芸術の中でも、見た目が華やかな歌舞伎が外国の方に一番気軽に楽しんでもらえると思います。口で説明するよりも、実際に見てもらうのがよいですね。歌舞伎座では幕見席という事前予約なしで一幕だけ鑑賞できる座席を当日販売していますし、英語解説のオーディオガイドもありますので、ご案内するとよいでしょう。

····· File 34. Kabuki

Kabuki is a classical form of theater performed only by men.

Japan boasts several types of traditional theater, including *noh* and *bunraku*, but *kabuki* is the one most frequently performed. Originating about 400 years ago, *kabuki* used to be performed only by women, but because of fears that the actors were available as prostitutes, thus threatening a sense of public morality, the government banned women from performing. Men then began to perform it, even taking on all the female roles. *Kabuki* became very popular during the Edo period because of the gorgeous costumes; bold makeup; exaggerated performance; lively music performed on *shamisen*, a three-stringed instrument; and unique stage equipment, including *hanamichi*, a runway that extended into the middle of the theater. A *kabuki* program mainly consists of plays based on historical, pre-Edo, events, as well as modern Edo-era stories and dance shows. There is a special theater for *Kabuki* in Tokyo. Why don't we go together?

Chapter 5 伝統文化・芸術

語句

☐ perform 演じる　☐ frequently 頻繁に　☐ public morality 風紀
☐ take on ～ ～を引き受ける、～を担う　☐ bold 派手な　☐ exaggerated 誇張された
☐ equipment 装置　☐ runway 花道、細長いステージ

File 35. 茶道

茶道はお茶を楽しむ芸術

茶道は日本の伝統文化の1つです。亭主は茶室の床の間を季節に合わせた花や掛け軸などで飾ります。亭主がお茶を点てる様子を見るのも大切です。茶道具はすべて既にきれいにされていますが、亭主は客の前でもう一度それらを清めます。それにより、招かれた人は自分の心も清められたように感じます。お茶を点てている間は話をせず、五感を使って、水を注ぐかすかな音など、雰囲気を味わいます。お茶は、茶葉を石臼で挽いた特別な粉状の緑茶、抹茶が使われます。亭主は抹茶にお湯を注ぎ、竹でできた茶せんで泡立てます。お茶の飲み方にも守るべき作法がありますが、細かいことにはこだわらなくても大丈夫です。亭主を敬い、その場の和を大切にしましょう。茶会は一期一会の出会いを大切にする場なのです。

説明のポイント

茶道はただマナーに従ってお茶を飲む体験としか思っていない方もいるので、その背景にある意味や亭主の動作について説明するとよいでしょう。抹茶を口にしたことがある外国人も増えていますが、抹茶アイスや抹茶ラテなどで味わっただけで、苦いのは苦手という方もいます。先にお菓子を口にして、苦みを緩和することなども伝えましょう。

茶道で大切にしている4つのポイントは「和敬清寂」という標語で表されます。英語では、和(harmony)、敬(respect)、清(purity)、寂(tranquility)と説明するといいでしょう。

····· File 35. Sado (tea ceremony)

The Japanese tea ceremony, or *sado*, is the art of enjoying tea.

The tea ceremony is one of Japan's traditional cultural activities. The ceremony's host decorates the tearoom's alcove with seasonal flowers and a hanging scroll. Watching how the host makes the tea is an important part of the ceremony. The tea utensils will have already been cleaned, but the host will clean them again in front of the guests. The guests will then feel that their hearts are purified. While the host is making the tea, the guests refrain from conversation and instead use all of their five senses to enjoy the atmosphere, including the subtle sound of the water when it is poured. A special powdered green tea called "*matcha*," which has been ground in a millstone, is used. The host pours hot water onto the powder and mixes it with a bamboo whisk.

There are certain manners to be observed when drinking tea but you don't have to worry too much about the details. Just respect the host and enjoy the feeling of harmony. Tea ceremony is an opportunity to cherish a once-in-a-lifetime encounter.

Chapter **5**

伝統文化・芸術

語句

☐ tea ceremony 茶道　☐ alcove 床の間　☐ hanging scroll 掛け軸　☐ utensil 道具
☐ refrain from 〜 〜を控える　☐ five senses 五感　☐ subtle かすかな
☐ powdered green tea 粉茶、抹茶　☐ grind 〜を挽く　☐ millstone 石臼
☐ pour 〜を注ぐ　☐ bamboo whisk 茶せん　☐ observe 〜を守る
☐ cherish 〜を大切にする　☐ once-in-a-lifetime encounter 一期一会

File 36. 華道

華道（活け花）は日本的なフラワーアレンジメント

西洋のフラワーアレンジメントはさまざまな種類や色の花を用い、ボリューム感があり、華やかな印象を与えます。どの角度から見てもきれいに見えるように活けられているので、テーブルの中央に置かれます。一方、日本の華道はあまり多くの花は使いません。むしろ枝の間の空間が構図の上で大事にされ、静かな印象を残します。基本的に、正面から鑑賞することを前提に活けられているので、壁際に置かれます。

華道はもともと仏様に花を供えることから始まり、芸術としては16世紀に成立しています。天、地、人の3要素を表現するように活けるのが基本です。最近の華道は西洋のフラワーアレンジメントや現代アートの要素を取り入れることもあり、両者の間の垣根は低くなっています。

説明のポイント

華道の実演を見る機会は少ないかも知れませんが、ホテルや旅館のロビーなどで日本的な活け花を見る機会は多いはずです。そんな時に、西洋のフラワーアレンジメントとの違いを説明してあげるとよいでしょう。
華道には、池坊（the Ikenobo school）、草月流（the Sogetsu school）、小原流（the Ohara school）を中心に、2000を超える流派があります。

· · · · ·File 36. Kado (flower arranging)

Kado, or *ikebana*, refers to the Japanese-style flower arranging.

Many kinds and colors of flowers are used in Western flower arrangements, creating an impression of volume and gorgeousness. Because these arrangements are designed to be viewed from all sides, they are often placed in the center of a table. In contrast, not many flowers are used in *kado* or Japanese flower arranging. In fact, the emptiness between the branches is an important part of the composition, intending to project a sense of serenity. Because *kado* arrangements are made to be viewed from the front, they are often displayed against a wall.

Kado began from the practice of offering flowers to the statue of Buddha and was established as an art form in the 16th century. Its basic concept is to express the three elements of heaven, the earth and human beings using flowers. Recently, *kado* has been incorporating elements from Western flower arranging and even from modern art. The border between *kado* and Western flower arranging is becoming less clear.

Chapter **5** 伝統文化・芸術

語句
- volume ボリューム ☐ place 設置する ☐ in contrast 一方、対照的に
- project 〜（印象）を与える ☐ serenity 静穏
- heaven, the earth and human beings 天、地、人 ☐ element 要素
- incorporate 〜を取り入れる ☐ border 境界

File 37. アニメ

アニメは日本人の生活の一部とも言える大衆芸術

日本には絵巻物など、古くから物語に挿絵を加える文化がありました。また800年前には日本最古の漫画と呼ばれる『鳥獣人物戯画』が描かれました。20世紀初めにアニメ映画が日本に入ってくると、日本でもそれを作り始めました。1960年代には、テレビが普及したこととディズニー映画の影響で、日本でも本格的なテレビアニメが作られるようになりました。手塚治虫による『鉄腕アトム』が大ヒットし、日本のアニメはブームになります。

日本の子どもたちはアニメを見て育ちますが、ジブリ映画など多くのアニメ映画は実際、大人も楽しめるように作られています。また、アニメというジャンルから、コスプレやアニソン（アニメソング、アニメの主題歌）といった新たな文化も誕生しています。

説明のポイント

anime という言葉はもともと和製英語で、本来は animation と言います。今では英語で anime というと「日本のアニメ」を指す言葉と認識されるようになりました。それだけ日本のアニメの海外での影響力は強いと言えます。cosplay（costume play）も同様です。

ジブリ映画のファンは世界中にいます。日本語と英語のタイトルは異なるので、Spirited Away（『千と千尋の神隠し』）、Kiki's Delivery Service（『魔女の宅急便』）など、主なものを英語で覚えておくとよいでしょう。

File 37. Anime

Anime is a type of pop art that is part of Japanese life.

Japan has a long tradition of adding pictures to stories, such as can be seen in the illustrated handscrolls from ancient times. The oldest known *manga*, or comic, is the Chouju-jinbutsu-giga, which was created about 800 years ago. In the early 20th century, animated films were introduced to Japan, and the Japanese began to create them themselves. Then, in the 1960s, because of the spread of television and the influence of Disney films, Japan started to make full-fledged animated cartoons. *Astro Boy*, by Osamu Tezuka, was a big hit, and Japanese animations, or anime, experienced a boom.

Japanese children grow up watching anime, but many anime films, such as the Ghibli movies, have actually been aimed at adults. New types of culture, such as cosplay and anime songs, have developed from this genre.

語句

☐ pop art 大衆芸術   ☐ illustrated handscroll 絵巻物   ☐ spread 普及
☐ full-fledged 本格的な   ☐ animated cartoon アニメーション   ☐ *Astro Boy*『鉄腕アトム』
☐ aim at 〜 〜を対象とする

Chapter **5**

伝統文化・芸術

File 38. 着物
着物は特別な機会にしか着ない伝統衣装

日本には着物という伝統的な衣装があります。絹や綿などの素材で作られた袖の広いワンピースで、きれいな装飾が施された帯という太いベルトを締めて着ます。似た衣服に浴衣というものがありますが、こちらは薄いバスローブのようなシンプルなものです。日本式のホテル、旅館に泊まると、宿泊客には浴衣が用意されています。日常的に着物を着る人は多くありません。今日では、結婚式、成人式、7歳、5歳、3歳の子どものお祝いである七五三などの特別な機会や、伝統芸能に携わる人が主に着ます。

しかし最近は着物を着ることの良さが見直されてきて、夏の花火大会の時などには若い人が色とりどりの浴衣を着ています。また、着物レンタル店が増え、浅草や京都などでは着物を着ている人をたくさん見かけます。でも、観光地で目にする、着物を着ている人の大半は外国人観光客でしょう。

説明のポイント

観光ポスターなどの影響か、日本人は普段から着物を着ているというイメージを持つ外国人観光客は少なくありません。でも、実際に日本に来てみるとほとんど着物を着ている人を見ないので、不思議がります。そんな彼らに、どんな時に着物を着るのか教えてあげましょう。

File 38. Kimono

A kimono is a traditional Japanese garment worn only on special occasions.

Japan has a traditional garment called the kimono. It is a wide-sleeved robe, made of silk or cotton, worn with a sash called an *obi*, which is decorated with a beautiful design. A similar garment is called the *yukata*, but it is much simpler and looks a lot like a light bathrobe. A Japanese-style hotel, or *ryokan*, will provide *yukatas* for guests to wear while they are staying there. Not many people wear kimonos on a daily basis. These days, they are worn only for special occasions, such as weddings, coming-of-age ceremonies, the *shichi-go-san* ceremony for 7-, 5-, and 3-year-old children, or by people performing a traditional art.

However, recently, the merits of wearing a kimono are being reevaluated, and younger people now enjoy wearing colorful *yukatas* at summer firework displays. Also, kimono-rental shops are increasing in number, and we can see a lot of people wearing kimonos in Asakusa and Kyoto. However, most of the people you'll see wearing kimonos at sightseeing spots will be foreign tourists.

Chapter **5**

伝統文化・芸術

語句

☐ garment 衣服　☐ occasion 機会　☐ sash 太いベルト　☐ on a daily basis 日常的に
☐ coming-of-age ceremony 成人式　☐ merit 長所　☐ reevaluate 〜を再評価する
☐ firework display 花火大会

File 39. 相撲

相撲は今でも体育館を満席にする伝統的スポーツ

相撲は日本の国技です。古くから行われ神道とともに発展し、取組前には宗教的な背景を持つ儀式をします。四股を踏むのは邪気を払う意味があり、塩をまくのは土俵を清める意味があります。相手を土俵から出すか、相手の身体の一部が地面につくと勝ちます。場所は年6回、各15日間行われます。東京には両国国技館という1万席の相撲用の体育館がありますが、毎日ほぼ満席となります。

現在、約650人の力士がいますが、月給をもらえるのはそのわずか約10%の上位2階級、幕内と十両の力士だけです。力士は相撲部屋に属し、朝早くから稽古をします。昼食は階級の低い力士が作るので、相撲はともかく料理は上手くなります。そのため、多くの引退した力士がちゃんこ鍋の料理屋を始めます。

説明のポイント

外国人観光客は相撲の存在は知っていても、そのルールや場所（tournament）の開催頻度、力士の生活などについてはほとんど知りません。興味の深さに応じて説明してあげましょう。取組を見たいというリクエストも多いですが、興行期間中でなければ相撲部屋の朝稽古の見学を提案してもよいでしょう。ただし、見学者を受け入れている部屋でも予約が必要な場合もありますし、マナーが求められますので、事前に十分に確認しておきましょう。

File 39. Sumo

Sumo is a traditional Japanese sport that can still fill a stadium.

Sumo is Japan's national sport. It began long ago in connection with the Shinto religion, which is why rituals with a religious background are performed before each match. For example, the stomping is meant to drive evil spirits away and the scattering of salt is to purify the ring. A wrestler wins a sumo bout when he pushes his opponent out of the ring or a part of his opponent's body touches the ground. The tournaments take place six times a year, and each tournament lasts 15 days. In Tokyo, there is a sumo stadium with 10,000 seats, called the Ryogoku Kokugikan, and almost all the seats are sold out every day.

Currently there are about 650 wrestlers, but only about 10 percent of them who are in the top two ranks, *Makuuchi* and *Juryo*, receive a monthly salary. Wrestlers belong to *sumo-beya* or training stables and practice from early in the morning. Lunch is made by the low rank wrestlers, so they become good cooks regardless of their sumo ability. Because of this, many retired wrestlers open *chankonabe*, sumo wrestler's cuisine, restaurants.

Chapter 5

伝統文化・芸術

語句

☐ national sport 国技　☐ in connection with ～ ～と関連して　☐ ritual 儀式
☐ stomp 足を踏みならす　※ここでは四股を踏むこと。　☐ drive ～ away ～を追い払う
☐ scatter ～をまく　☐ purify ～を清める　☐ ring 土俵　☐ bout 試合
☐ opponent 対戦相手　☐ take place 開催される　☐ stable 訓練所、相撲部屋
☐ regardless of ～ ～は関係なく

Part 2

日本各地の鉄板ネタ

8 CHAPTERS

File 40. 皇居

かつての将軍の城

皇居は天皇と皇后のお住まいです。天皇は8世紀から19世紀後半まで1000年以上、京都にお住まいでした。後に、現在の東京になる江戸は、幕府を開いた徳川将軍家の本拠地となりました。そして、19世紀後半の天皇への権力返還（大政奉還）の後、将軍は江戸城を去り、天皇が江戸に移ってきました。そうなった理由は主に2つありますが、当時江戸が日本で一番大きな都市であったことと、海に面した立地がその後の発展に重要だったからです。

京都御所に行くと、石垣もお堀もないことに驚くでしょう。神様のように見なされていた天皇は襲われる心配がなかったためです。現在の皇居が石垣やお堀で囲まれているのは、かつての江戸城の遺構の上に建っているからです。

説明のポイント

皇居がかつて江戸城だったことは、日本人にも意外と知られていませんが、これは外国人観光客にとっても興味深いポイントです。皇居前広場を訪れて、お城のような伏見櫓を見ると、「あそこに天皇が住んでいるのか」と勘違いするお客様も多いので、ここがかつて江戸城だった歴史を説明し、櫓、石垣、お堀などはその遺構であることを説明しましょう。皇居前広場に行くと、すぐに皇室の説明を始めるガイドもいますが、まずは目に見えるところから説明するのが、興味を持って話を聞いてもらうためのポイントです。

File 40. The Imperial Palace

The Imperial Palace is located on the former site of the shogun's castle.

The Imperial Palace is the residence of the emperor and empress of Japan. For over 1,000 years, from the eighth century until the late 19th century, the emperors lived in Kyoto. Eventually, Edo, now present-day Tokyo, became the base of the Tokugawa shogunate, which established a military government. After power was returned to the emperor in the late 19th century, the shogun left Edo Castle, and the emperor moved to Edo. Two of the main reasons for doing so were that Edo had already become the biggest city in Japan and that it faced the ocean, which was important for future development.

If you visit Kyoto Imperial Palace, you might be surprised to see that it is not surrounded by stone walls and a moat. There was no worry that the emperors might be attacked because they were regarded as deities. The reason that the current Imperial Palace does have stone walls and a moat is that it rests on the remains of Edo Castle.

語句

☐ The Imperial Palace 皇居　☐ shogun 将軍　※ shogun で通じない場合は military leader と言うとわかりやすい。　☐ emperor 天皇　☐ empress 皇后　☐ eventually 後に
☐ shogunate 幕府　☐ military government 幕府　☐ stone wall 石垣　☐ moat 堀
☐ deity 神　☐ rest on 〜にある、〜の上に載っている　☐ remains 遺構

File 41. 皇室

天皇家は世界最長の王朝

最初の天皇は紀元前660年に即位しました。そして、それ以来2680年間、ずっと血縁が途切れていません。現在（2020年）の今上天皇は126代目となります。ローマ帝国でも千年ほどの歴史ですから、日本の皇室ほど長い間続いている王朝は他にはありません。現在、天皇は日本の象徴です。内閣の助言と承認を得て、総理大臣を任命したり、国賓を迎えるなど、いくつかの国事行為のみを行います。外国の人は天皇をよく名前で呼びますが、日本では名前では呼びません。天皇が崩御したら、その時の元号を付けて呼びます。たとえば、今上天皇の祖父は「ひろひと」だと読んだことがあるかもしれませんが、日本人は「昭和天皇」と呼びます。実は天皇の名前すら知らない日本人も多いのです。

説明のポイント

天皇制に関しては説明する内容はたくさんあります。その中でも、日本の天皇家が世界一長い歴史を持つということは、外国の方が一番驚くポイントです。また、外国の方と天皇の話をしていると名前を聞かれることがあります。今上天皇で言えば、お名前が徳仁（なるひと）で宮号が浩宮（ひろのみや）です。今上天皇と昭和天皇（裕仁［ひろひと］）、上皇（明仁［あきひと］）のお名前は言えるようにしておきましょう。

· · · · **File 41.** The imperial family

The Japanese imperial family is the longest-surviving dynasty in the world.

The first Japanese emperor was enthroned in 660 B.C., and the bloodline has not been broken since then for 2,680 years. The current emperor is the 126th one. The Roman Empire lasted only about 1,000 years, so no other dynasty has survived for as long as the Japanese imperial family. The emperor is now considered to be a symbol of Japan. With the advice and approval of the Cabinet, he performs only certain acts, such as nominating the prime minister and welcoming state guests.

While the given names of Japanese emperors are often used by foreigners, they are not used in Japan. And once an emperor has died, we call him by the imperial era name. For example, you might read that the grandfather of the present-day emperor was "Hirohito," but Japanese call him "Showa Tenno," or Emperor Showa. As a matter of fact, many Japanese don't even know the given names of emperors.

語句
☐ dynasty 王朝 ☐ (be) enthroned 即位する ☐ bloodline 血統 ☐ Cabinet 内閣
☐ nominate 任命する ☐ state guest 国賓 ☐ given name（姓に対する）名前
☐ imperial era name 元号 ☐ as a matter of fact 実を言うと ※ to tell you the truth、in fact とも言える。

File 42. 明治神宮

天皇を祭った神社

明治神宮は神社——神様を祭る宗教施設です。ここには、今から4代前の明治天皇が祭られています。日本の天皇家の先祖は太陽の女神、天照大御神とされており、天皇家は古くから神聖視されてきました。明治天皇は、19世紀に皇居を東京に定めた最初の天皇です。この神社はその死後、1920年に建設されました。自然を愛した明治天皇のために、全国から約10万本もの樹木が奉納されました。また、明治天皇は日本の近代化を目指して西洋の文化を積極的に導入したため、フランスからはワインが贈られました。境内にはワイン樽があります。

なお、第2次世界大戦後、今上天皇の祖父である昭和天皇は人間宣言を行い、天皇を現人神と見なすことを否定しました。

説明のポイント

都内観光で最もよく訪れる場所の1つが明治神宮です。ここが天皇を祭った神社であるということは外国の方が驚くポイントで、天皇家の歴史を説明する上でも重要な施設です。また、正月三が日の初詣客が300万人にも上ることも興味深い点です。週末には、結婚式の花嫁行列を見られることも多いので、時間が許せば週末にご案内することをお勧めします。

File 42. Meiji Jingu

An emperor is enshrined at Meiji Jingu.

Meiji Jingu is a Shinto shrine — a religious facility whose main purpose is to house a deity. Emperor Meiji, who lived four generations before the current emperor, is enshrined here. It was believed that the ancestor of the Japanese imperial family was Amaterasu, the goddess of the sun, and the family was regarded as sacred. Emperor Meiji was the first emperor to live in Tokyo, in the 19th century, and the shrine was constructed after his death, in 1920. The emperor had been a great lover of nature, so about 100,000 trees were donated from all over Japan. Also, because he had actively introduced Western culture to help modernize Japan, wine was donated from France. You can see the wine barrels in the precincts.

By the way, after World War II, Emperor Showa, the grandfather of the current emperor, issued the Humanity Declaration, which denied the concept that the emperor was a living god.

語句
- enshrine ～を祭る ☐ religious facility 宗教施設 ☐ house ～を住まわせる
- ancestor 先祖 ☐ donate ～を寄進する ☐ modernize ～を近代化する
- precincts 境内 ☐ Humanity Declaration 人間宣言

File 43. 浅草寺
東京で一番古い寺

仏教は6世紀に日本に伝わりました。浅草寺は7世紀に創建されましたが、漁師の兄弟が隅田川で釣りをしていたときに金色の像を見つけたのが始まりです。彼らにはそれが何かわからなかったので、村長のところに持っていきました。すると村長は、それが大切な仏像だとわかり、お堂を造って祭りました。その後、村長は出家しました。それ以後、多くの武将がこの寺に祈願に訪れました。戦に勝利した武将たちが寺を保護したため、寺は大きくなっていきました。それとともに、多くの庶民も参拝に訪れるようになりました。そのため、この仲見世通りの店は古くから、参拝客にお茶を出したり、土産物を販売したりで、繁盛していました。

説明のポイント

浅草寺は都内観光で必ずと言っていいほどよく訪れる場所です。なぜ外国人観光客に人気なのかというと、東京で一番古くて大きな寺である、さまざまな土産物が買える、下町の雰囲気が残っている、などの点が挙げられます。東京がまだ小さな漁村だった頃の7世紀の話をするには、仲見世通りにある浅草寺の縁起絵巻を見ながら説明すると、わかりやすくてよいでしょう。

File 43. Senso-ji

Senso-ji is the oldest temple in Tokyo

Buddhism was introduced to Japan in the sixth century. Senso-ji Temple was founded in the seventh century after two fisherman brothers found a golden statue in the Sumida river while they were fishing. They didn't know what it was, so they brought the statue to the village chief. The chief recognized it to be an important statue of Buddhism and decided to make a temple to enshrine it. The chief then became a Buddhist monk. After that, a lot of samurai came to the temple to pray. When they won a battle, they supported the temple, and it continued to grow.

As it grew, a lot of commoners also came to pray there. As a result, since ancient times, vendors on Nakamise Street have been busy serving tea and selling souvenirs.

語句

☐ found 〜を創建する　※3行目の found は find（見つける）の過去形。　☐ village chief 村長
☐ commoner 庶民

File 44. 丸の内

日本の経済の中心地

江戸時代には、丸の内は江戸城のすぐ隣にあり、大名屋敷が建ち並んでいました。明治維新により、最後の徳川家将軍が江戸城を出ると、大名屋敷も取り壊されました。そして、三菱が新しい明治政府から土地を買い取り、丸の内をビジネス街として開発しました。東京の中心であるこの地には、三菱系を中心に多くの大企業が本社を置いています。この地域の主だった建物は、イギリス人建築家ジョサイア・コンドルによって設計されました。ロンドンのようにれんが造りの建物が多かったことから「一丁倫敦」と呼ばれました。

丸の内には今でも大企業が多く、丸の内で働くことは新卒の学生にとっての憧れでもあります。

説明のポイント

丸の内のビル群は、皇居前広場から見えるので、二重橋を案内する際にぜひ説明しましょう。①江戸城（皇居）のすぐ隣接地という絶好の立地、②三菱が開発したという歴史、③そして今でも多くの大企業が本社を置いているという点がポイントです。もしかしたら、案内している人の勤め先に関係する企業もあるかもしれないので、聞いてみると話が広がるでしょう。

File 44. Marunouchi

Marunouchi is the business center of Japan.

During the Edo period, Marunouchi was next to Edo Castle, and there were many mansions of feudal lords in the area. After the Meiji Restoration, the final Tokugawa shogun left the castle and the mansions were demolished. Then, the Mitsubishi company bought the land from the new Meiji government and developed the land as a business district. Because Marunouchi is the center of Tokyo, many big companies have their head offices here, especially those in the Mitsubishi group. Many of the main buildings in the area were designed by a British architect, Josiah Conder. As a lot of the buildings were made of brick, like those in London, this area used to be called "Little London."

There are still many big companies in Marunouchi, and a lot of new university graduates long to work here.

語句

☐ the Meiji Restoration 明治維新　☐ demolish ~を解体する　☐ develop ~を開発する
☐ head office 本社　※ = headquarters　☐ architect 建築家
☐ new university graduate 新卒学生　☐ long 憧れる

File 45. お台場

アメリカと戦うために造られた砲台場

現在のお台場は、東京にある平和な観光地ですが、もともとは19世紀半ばに造られた軍事施設でした。江戸時代、日本は約200年間鎖国をしていました。1853年、アメリカのペリー提督が開国を求めて「黒船」でやってきました。これほど大きな軍艦を見たことのなかった徳川幕府の官僚たちはとても驚きました。しかし、彼らは開国するつもりはなかったので、攻撃に備えて、東京湾に8つの砲台場を築きました。結局、大砲は一度も使われることなく、徳川幕府は開国を決めました。アメリカと戦えるほどの軍事力がないと悟ったからです。

現在のお台場は、自由の女神が建つにぎやかな観光地となり、多くのアメリカ人観光客を迎えています。

説明のポイント

お台場は、ショッピングセンターや娯楽施設が建ち並ぶ観光地であり、近代的な景色を楽しめる場所ですが、その歴史を紹介すればより楽しんでもらえることでしょう。アメリカ人にとってはここに自由の女神があるということも不思議ですが、ペリーと戦うために造った砲台場が、今のお台場の由来だと伝えると、さらに興味を持ってもらえます。またお台場をはじめ、東京には埋め立て地が多いので、man-made land、reclaimed land、artificial land などの英語表現も覚えておきましょう。

File 45. Odaiba

The Odaiba were cannon batteries constructed to fight with the United States.

東京

Odaiba is a peaceful tourist spot in Tokyo today, but it originally was built as a military facility in the mid-19th century. During the Edo period, Japan was closed to other countries for about 200 years. Then, in 1853, Commodore Matthew Perry arrived in Japan with his "Black Ships" to ask to open the country. The Tokugawa officials were very surprised because they had never seen such large vessels. But they had no intention of opening the country, and they prepared eight cannon batteries in Tokyo Bay to get ready for an attack. But the cannons were never used, and the Tokugawa shogunate decided to open the country. They realized that they just didn't have enough military power to fight with the United States.

Now, Odaiba has become a lively tourist spot that has its own Statue of Liberty and welcomes many American tourists.

語句

☐ battery 砲台　☐ commodore 提督　☐ official 官僚　☐ vessel（大型の）船
☐ intention 意志　☐ realize 認識する　☐ lively にぎやかな

File 46. 渋谷

渋谷の交差点は世界一混雑

渋谷交差点は「スクランブル交差点」とも呼ばれ、歩行者は同時にすべての方向に渡ります。ピーク時には、一度に3000人もの人が渡ります。でも、誰もぶつからないのが不思議です！　渋谷には百貨店やブティック、飲食店がたくさん集まっているため、多くの人が訪れます。また、多くの観光客が有名な忠犬ハチ公の像の写真を撮りに来ています。大きなスポーツの試合のあとや大みそかには特に多くの若者が集まり、ここで盛り上がります。また、ハロウィーンの日には、コスプレをした人たちが集まって衣装を見せびらかしています。

渋谷駅の中の陸橋からは交差点が見下ろせるので、お勧めの写真スポットです。

説明のポイント

映画 *Lost in Translation*（『ロスト・イン・トランスレーション』）などのロケ地になったため、渋谷交差点は外国の人にもよく知られています。また、映画 *Hachi: A Dog's Tale*（『HACHI 約束の犬』）ではハチ公の話が取り上げられています。映画のタイトルを出せば、ピンとくる方も多いので、説明に加えてみましょう。

上記で紹介している「渋谷駅の中の橋」とは、JR 渋谷駅から京王井の頭線渋谷駅につながる連絡通路のことです。全面ガラス張りなので交差点がよく見えます。

File 46. Shibuya

Shibuya Crossing is the busiest crossing in the world.

Shibuya Crossing is also called "Scramble Crossing," because people cross the intersection in all directions at one time. As many as 3,000 people cross at the same time during peak periods. It is amazing that people don't run into each other! A lot of people visit this area because it has so many department stores, boutiques and restaurants. Also, many tourists come here to take a picture of the famous statue of Hachiko, a dog memorialized for his great loyalty. Especially after big sports events and on New Year's Eve, a great number of young people gather here to celebrate. And on Halloween, cosplayers come here to show off their costumes.

The bridge inside Shibuya Station is the perfect spot for looking down on the crossing and taking pictures.

語句

☐ crossing 交差点　☐ at one time／at the same time 同時に
☐ as many as ～ ～もの ※数の多さを強調する表現。　☐ memorialize ～を記念する
☐ loyalty 忠誠心　☐ cosplayer コスプレをする人　☐ show off ～ ～を見せびらかす

原宿 ···

ティーンエージャーの聖地

原宿には多くの若者が集まります。それは、原宿がファッションや
文化の中心地で、流行がここから日本各地に広がっていくからです。
特に竹下通りと呼ばれる400メートルほどの細長い道の両脇には、
ファッションの店がぎっしりと建ち並んでいて、最新のファッショ
ンを陳列しています。また、ファッションだけでなく、食文化の発
信地でもあります。クレープ屋にはいつも行列ができていますし、
最近では虹色の綿菓子など、カラフルなお菓子も人気です。多くの
若者は、こうしたお菓子を写真に撮って、ソーシャルメディアで共
有しています。
原宿と駅の反対側にある静寂な明治神宮との違いに驚くかもしれま
せんね。

説明のポイント

ティーンエージャーの聖地というと、年配のお客様からは「私たちには
関係ないね」という反応が返ってくることがありますが、日本文化の一
面として案内してはいかがでしょうか。特に、合わせて訪れることが多い、
厳かな雰囲気の明治神宮との対比は興味深く感じてもらえるはずです。
実際に案内した方からは、「行って良かった」という声をたくさんもらっ
ています。

· · · · · File 47. Harajuku

Harajuku is a sanctuary for teenagers.

A lot of young people gather in Harajuku because it is a fashion and culture hub, and the trends spread from here to the rest of Japan. Especially along the long, narrow 400-meter street called Takeshita-dori, there are a great number of fashion shops all packed together, displaying the latest fashions. Harajuku is not only the center of fashion but also of food culture. There is always a line in front of the crepe shops. Recently, colorful treats, such as rainbow-colored cotton candy, have become popular. Young people take shots of them and share their photos to social media sites.

You might be surprised at the contrast between Harajuku and quiet Meiji Shrine, on the other side of the station.

語句

☐ sanctuary 聖地   ☐ teenager ティーンエージャー   ☐ hub 中心地
☐ (be) packed together ぎっしりと詰まった、集められた   ☐ line 行列   ☐ treats お菓子
☐ rainbow-colored 虹色の   ☐ cotton candy 綿菓子   ☐ share 〜を共有する
☐ social media site ソーシャルメディアのウェブサイト、SNS

File 48. 秋葉原

日本一の電気街はいまやオタク文化の聖地に

秋葉原には第2次世界大戦後、ラジオ部品を売る店が集まりました。その後、経済成長とともに家電製品を売る店が増加し、「秋葉原電気街」と呼ばれるようになりました。1990年代にはパソコンブームが起こり、「オタク」と呼ばれる人たちが集まり始めます。そして彼らの多くがアニメ文化の大ファンだったので、マンガやアニメのフィギュアを販売する店も増えてきました。そして、2000年代のはじめにメイド喫茶も誕生しました。西洋のメイド服を着たウェートレスが飲食を運び、お客とおしゃべりする喫茶店で、アニメファンに人気があります。これらの店に共通するキーワードが「カワイイ（可愛い）」です。美しいものよりも、「カワイイ」ものに人気があるのです。

知っているアニメのキャラクターはありますか？ いまやポケモンは多くの国で有名ですね。

説明のポイント

オタクを表す英語には geek の他に、anorak、nerd などがありますが、いずれもネガティブな意味合いを含んでいますので、話している相手に対して使うものではありません。外国のアニメファンの間では、*otaku* という語も定着していて、"I am an *otaku*." と自分から言ってくる人もいます（笑）。秋葉原には電器店、アニメグッズ店、メイド喫茶、さらに鉄道模型や創作人形などさまざまな専門店もありますので、相手の興味に合わせて案内するのもよいですし、店を見て回るだけでも独特な雰囲気を楽しんでもらえるでしょう。

····· File 48. Akihabara

The nation's biggest electronics town is now more known as a center for geek culture.

Shops selling radio parts started appearing in Akihabara after World War II. Then, along with Japan's economic growth, more and more home electronics shops opened up, earning the area the name "Akihabara Electric Town." In the '90s, there was a computer boom, and people known as *otaku*, or geeks, started to hang out in the area. This led to an increasing number of shops that sold comics and anime figures, as many of the *otaku* were huge fans of anime culture. In early 2000s, maid cafes started appearing. These are coffee shops where the waitresses wear Western-style maid costumes as they serve food and drinks and chat with the guests, and they are popular among anime fans. The keyword for these shops is *kawaii*, meaning cute. The customers like *kawaii* things rather than beautiful things.

Do you know any anime characters? Pokémon is now famous in many countries.

語句

☐ geek オタク　☐ along with 〜 〜とともに　☐ economic growth 経済発展
☐ home electronics 家電製品　☐ earn (名声などを) 得る
☐ hang out 〜 〜によく行く、〜にたむろする　☐ anime アニメ ※= animation

File 49. 上野公園

博物館と美術館が点在する文化の宝庫

上野公園はかつて徳川将軍家の菩提寺の境内でした。19世紀後半の内戦で焼け野原になったあと、そこに日本初の公園の1つが造られ、多くの博物館や美術館も建てられました。ここには、考古学資料から伝統美術工芸品まで幅広く展示する東京国立博物館などの博物館、国立西洋美術館などの美術館、パンダで有名な動物園、国際子ども図書館、コンサートホールなど、さまざまな文化施設があります。ですから、上野公園はまさに文化の宝庫と言えるでしょう。中央の広場では、イベントが開かれたり、大道芸人が芸を披露したりしています。

また、春には花見の名所となります。もう一度訪れる機会があれば、春にいらしてください。

説明のポイント

上野公園内にはさまざまな施設が点在しているので、ゲストの興味に合わせて案内しましょう。上記の文化施設だけでなく、神社仏閣、ボート遊びができる池などがあり、近くにはアメ横というにぎやかな商店街もあります。どこか核となる施設を決め、そこを訪問するついでに、周辺も散策するのがよいでしょう。

File 49. Ueno Park

Ueno Park is a treasury of culture boasting several museums and art galleries.

Ueno Park is located on the former grounds of the Tokugawa shogun's family temple. After the temple was destroyed in a fire during a civil war in the late 19th century, the grounds were converted into one of Japan's first parks, becoming the home to a lot of museums and art galleries. Among the cultural facilities here are museums, such as the Tokyo National Museum, which exhibits a wide variety of displays, from archeological artifacts to traditional art and crafts; art galleries, such as the National Museum of Western Art; a zoological park, famous for its pandas; the International Library of Children's Literature; and a concert hall. So you can describe Ueno Park as a treasury of culture. In the central square, a variety of events are held and street entertainers are performing.

In spring, it is a popular place for cherry blossom viewing. If you have another chance to visit here, please come in spring.

語句

☐ treasury 宝庫 ☐ art gallery 美術館 ☐ family temple 菩提寺 ☐ civil war 内戦
☐ (be) converted into ～ ～に変換される ☐ home to ～ ～がある、～の所在地である
☐ exhibit 展示する ☐ archeological artifact 考古学的遺物 ☐ arts and crafts 美術工芸品
☐ street entertainer (street performer) 大道芸人 ☐ cherry blossom viewing 花見

File 50. 江戸東京博物館
歴史のテーマパーク

江戸東京博物館では、展示室を巡ることによって、江戸時代から、東京が日本の首都となった19世紀後半、その後現代までの400年間の歴史を体感することができます。他の博物館と異なり、展示物の多くが復元模型です。この博物館の目的は、本物を見せることではなく、長年にわたる東京の町の変遷を実感してもらうことだからです。ミニチュアの町の模型で全体像がわかり、実物大の展示で当時の生活の様子が理解できます。展示品の中には、触ったり、手に取ったり、一緒に写真撮影したりできるものもあります。
楽しみながら歴史を学ぶことができる、まさにテーマパークのような博物館です。

説明のポイント

江戸東京博物館は楽しみながら東京の歴史を学べる施設です。ただし、展示品を説明するとなるとさまざまな知識が必要です。特に大きく目立つものは、お客様も興味を持ちやすいので、一度自分で館内を回ってみて、主要な展示物を英語で説明できるか確認しておくとよいでしょう。英語の解説が付いていても必ずしも十分ではないので、補足が必要です。また、都内観光も合わせて行う場合には、皇居や浅草、日本橋など、これから訪れる（あるいはすでに訪れた）場所を模型や絵画などの中に見つけて教えてあげると喜ばれますよ。

File 50. Edo-Tokyo Museum

The Edo-Tokyo Museum is like a history theme park.

At the Edo-Tokyo Museum, you can experience 400 years of Tokyo's history, from the Edo period to the years after Tokyo became the capital of Japan in the late 19th century. Unlike other museums, many of the exhibits are actually replicas. The purpose of this museum is not to show actual items but to allow visitors to get a feel for how the city has changed over the years. Its miniature town models offer an overall perspective, and its life-size displays will give you a good idea of what it was like to live there. You can touch and pick up some of the exhibits and take pictures with them.

It truly is a theme park-like museum where you can learn about history while having fun.

語句

☐ theme park テーマパーク ☐ exhibit 展示品 ☐ unlike 〜 〜とは異なり
☐ replica 複製品 ☐ overall perspective 全体像 ☐ life-size 実物大の

File 51. 築地

世界で一番活気のある魚市場の1つ

築地にはかつて世界最大の魚の卸売市場があり、その隣に場外市場がありました。卸売市場は小売店や飲食店のための市場で、場外市場は一般の消費者のための市場です。卸売市場は2018年に豊洲に移りましたが、場外市場は築地に残り、活気を保ち続けています。築地には、主に魚介類を扱う約400の食品店や飲食店があります。また、野菜、肉、包丁や皿などの台所用品を売る店もあります。

多くの店では、その場で調理した新鮮な魚介類を食べることができます。中には無料の試食品を提供している店もありますので、お金を払わなくてもお腹いっぱいになりますよ!

説明のポイント

1980年頃までは魚を生で食べると言うと、外国の人の多くは「信じられない!」という反応でしたが、今や世界中で日本食がブームになり、寿司や刺身が大好きな人も増えています。ただ、ワサビやウニなど、名前は知っていても、どんな形をしているのか知らない人も多いので、市場で見かけたら教えてあげましょう。また、店頭で食べ物を買ってその場で食べる際、他の店の入口をふさいでしまいトラブルになることもあります。声をかけて、マナーを守ってもらいましょう。

● ガイドがよく聞かれる魚介類
　マグロ　tuna
　タコ　octopus
　ウニ　sea urchin 等

● ガイドがよく聞かれる野菜類
　大根　radish
　ワサビ　horse radish
　ギンナン　ginkgo 等

⋯⋯ File 51. Tsukiji

Tsukiji is still one of the busiest markets in the world for seafood.

The world's biggest wholesale fish market used to be in Tsukiji, with an outer market next to it. The wholesale market was for retailers and restaurants, and the outer market was for general consumers. The wholesale market moved to Toyosu in 2018, but the outer market has remained in Tsukiji and kept its liveliness. There are now about 400 shops and restaurants that mostly deal in seafood. Also, there are shops that sell vegetables, meats and kitchenware, such as knives and plates.

You can eat fresh seafood cooked on-site at many of these shops. Some shops offer free samples, so you can fill your stomach without spending anything!

語句

☐ wholesale market 卸売市場　☐ outer market 場外市場　☐ retailer 小売店
☐ general consumer 一般消費者　☐ remain 残る　☐ kitchenware 台所用品
☐ on-site その場で

File 52. 東京都庁ビル

東京の絶景を無料で楽しめる

東京には高所の展望台がいくつかあります。中でも、東京都庁ビル（第一本庁舎）は無料で景色を楽しめるポイントです。建物は有名な建築家、丹下健三が設計したもので、ツインタワーはゴシック大聖堂に似ていると言われています。高さは243メートルで、202メートルの展望室までエレベーターで上がることができます。展望室からは東京の全景を見渡すことができます。東京都には約1300万人が住んでいますが、郊外から通勤・通学している人も多いので、昼間の人口は約1600万人にもなります。展望室から見下ろすと、都市の大きさが実感できます！ 晴れた日には日本一高い山、富士山が見られることもあります。

説明のポイント

東京都庁第一本庁舎ビルの展望室から見える特徴的な建築物（東京スカイツリー、東京タワー、新国立競技場、国立代々木競技場など）や緑地（代々木公園、明治神宮など）については説明できるようにしておきましょう。たとえば都庁のすぐそばの新宿パークタワーも丹下健三の建築で、高層階のパークハイアット東京というホテルで映画 Lost in Translation（『ロスト・イン・トランスレーション』）のロケが行われたことなどは興味を引くでしょう。また、すでに訪れた場所、これから行く場所、ゲストが宿泊している場所などの方向を教えてあげられるといいですね。

また、丹下健三の他の建築物（国立代々木競技場体育館、広島平和公園など）も知っておくとよいでしょう。

File **52.** Tokyo Metropolitan Government Building

You can enjoy a great view of Tokyo for free from the Tokyo Metropolitan Government Building.

There are several observatories in Tokyo. Among them, you can enjoy a great view at no charge from the Tokyo Metropolitan Government Building (Number one). The building was designed by a famous architect, Kenzo Tange, and it is said that its twin towers look like a gothic cathedral. It is 243 meters tall, and you can take an elevator to go up to the 202-meter observation deck. From there, you can get a panoramic view of Tokyo. About 13 million people live in Tokyo, but the daytime population goes up to 16 million because of the number of people commuting from the suburbs. Looking down from the deck will give you a good idea of just how big the city is! On a sunny day, you might be lucky enough to see Mount Fuji, the highest mountain in Japan.

語句

☐ Tokyo Metropolitan Government Building 東京都庁舎
☐ observatory ／ observation deck 展望台　☐ at no charge 無料で
☐ design 〜を設計する　☐ architect 建築家　☐ gothic cathedral ゴシック大聖堂
☐ panoramic view 全景　☐ commute 通勤する、通学する　☐ suburbs 郊外

File 53. 東京スカイツリー
世界一高いタワー

かつて世界一高い塔であった東京タワーは1958年に建設されました。約60年後、日本はまた世界一の塔を建てました——高さ634メートルの東京スカイツリーです。350メートルと450メートルの地点に2つの展望台があります。どちらからも東京の絶景を見ることができます。展望台も人気ですが、塔の主な役割は電波放送です。333メートルの東京タワーも電波塔として使われていますが、周りに多くの高層ビルができたため、さらに高い塔が必要になったのです。

日本には地震が多いので、新しい塔には耐震機能も備わっています。面白いことに、古いお寺にある五重塔の建築に使われた揺れを吸収する技術が、現代のこの塔にも生かされているのです。だから、安心して展望台まで上ってください。

説明のポイント

東京スカイツリーの展望台からは東京タワー、浅草寺、アサヒビール本社、国技館などさまざまな建物が見えるので、説明できるようにしておきましょう。都心や海は少し遠くなりますが、眼下に見える隅田川の流れはとても印象的です。また、スカイツリーを含む東京スカイツリータウンには、プラネタリウムや水族館、商業施設「東京ソラマチ」などもあり、見所たっぷりです。日本的な土産を売る店やアニメ関連の店なども多いので、展望台だけでなく、こうしたお店も紹介してあげましょう。

・・・・・File 53. Tokyo Skytree

Tokyo Skytree is the tallest tower in the world.

Once the world's tallest tower, Tokyo Tower was constructed in 1958. About 60 years later, Japan once again built the tallest tower in the world — the 634-meter tall Tokyo Skytree. It has two observation decks, one at 350 meters and the other at 450 meters. You can enjoy great panoramic views of Tokyo from both. Though the observation decks are very popular, the tower's main purpose is broadcasting. The 333-meter Tokyo Tower continues to be used as a broadcasting tower, but because many high-rise buildings have been built around it, an even higher tower was needed.

Because there are many earthquakes in Japan, the new tower has quake-resistant features. Interestingly, the quake shock-absorbing technology used in constructing the five-storied pagodas of ancient temples has been applied here in the modern age. So, please don't worry about going up to the observation deck.

語句

☐ observation deck 展望台　☐ panoramic view 全景　☐ broadcasting 放送
☐ high-rise building 高層ビル　☐ quake-resistant feature 耐震機能
☐ shock-absorbing 衝撃を吸収する　※ absorb は「〜を吸収する」。
☐ five-storied pagoda 五重塔　☐ apply 〜に適用する、〜に利用する

File 54. 横浜

異国情緒あふれる美しい町

横浜は日本で2番目に大きな都市です。江戸時代、日本は外の世界に対し鎖国をしていましたが、19世紀半ばに再び開国しました。その際に開いた港の1つが横浜港です。そのため、横浜には多くの外国人が住むようになりました。今でも、横浜にはかつて外国人が住んでいた豪華な西洋館がたくさんあり、また日本最大の中華街もあります。

港の近くはかつて造船所や倉庫などが建ち並ぶ工業地帯でした。20世紀後半にビジネス・商業の中心地区「横浜みなとみらい21」として再開発され、今では観光スポットになっています。古い倉庫街がモダンなショッピングセンターに改装され、遊園地もできました。また、関東で一番高いランドマークタワーというビルもあり、最上階からは素晴らしい景色を眺めることができます。みなとみらい地区は夜景もきれいですので、夜に訪れるのもお勧めです。

説明のポイント

横浜は広く、市内にはさまざまな魅力ある地域があります。まずは横浜がどんなところか概要を説明し、相手の興味に応じて案内するとよいでしょう。異国情緒を味わえる山手の西洋館や中華街、美しい日本庭園である三溪園やバラも楽しめる山下公園、あるいは赤レンガ倉庫やランドマークプラザなどの近代的なショッピングセンターも人気です。

· · · · **File 54. Yokohama**

Yokohama is an exotic and beautiful city.

Yokohama is the second biggest city in Japan. Japan closed the country to the outside world during the Edo period and reopened it in the mid-19th century. Yokohama was one of the ports that opened at that time, and a lot of foreigners began living there. Even today, you will find many Western-style mansions where foreign residents once lived, along with the biggest Chinatown in Japan.

Around the port was an industrial area with shipyards and warehouses. In the late 20th century, the area was redeveloped as a business and shopping center, "Yokohama Minatomirai 21," and it has become a sightseeing spot. Old warehouses were turned into modern shopping centers and an amusement park was constructed. The district boasts the highest building in the Kanto area, Landmark Tower, and you can enjoy a great panoramic view from the top floor. The night view of the Minatomirai area is also beautiful, and I recommend that you visit in the evening.

Chapter 2

関東近郊

語句

☐ exotic 異国情緒のある ☐ close the country 鎖国する ☐ reopen ～を再び開く
☐ shipyard 造船所 ☐ warehouse 倉庫 ☐ redevelop ～を再開発する
☐ turn into ～ ～に改装する ☐ amusement park 遊園地 ☐ boast ～を誇る

File 55. 鎌倉

最初の武家政権が誕生した町

日本で最初の将軍は源頼朝で、12世紀に天皇からこの職に任命されました。頼朝は鎌倉に幕府を開きましたが、ここは南を海、他の三方を山に囲まれている立地から、天然の要塞となっていました。町の中心には武家の守護神を祭っている鶴岡八幡宮という大きな神社があります。鎌倉幕府ができた頃、日本に禅宗が伝わり、多くの禅寺も造られました。坐禅を組んで瞑想し精神を強化する禅宗は武士に好まれました。

忘れてはいけないのが、鎌倉の大仏です。このブロンズ製の大仏の社殿は、15世紀に津波によって破壊されてしまいました。にもかかわらず、屋外にあることで強い印象を残し、人気の写真スポットになっています。

寺社を見学したあと、個性豊かなお土産屋や飲食店がたくさんある小町通りを散策してはいかがですか。

説明のポイント

鎌倉は東京からも近く、自然に囲まれた古い寺社が残っていて、風情があります。鎌倉幕府時代の建物こそ残っていませんが、天然の要塞都市という点でも興味深い町だと思います。上記の他に、お寺のテーマパークのような長谷寺、竹林が有名な報国寺などがお勧めです。さらに鎌倉近郊の観光名所として、景観の素晴らしい江ノ島、巨大な観音像が印象的な大船観音寺、また天気がよければ七里ケ浜や逗子海岸などを紹介してもよいでしょう。

File 55. Kamakura

Kamakura was the seat of Japan's first military government.

The first shogun in Japan was Minamoto no Yoritomo, who was appointed to the position by the emperor in the 12th century. Yoritomo established his military government in Kamakura, a city whose geographical location made it a natural fortress: It faces the ocean to the south and is surrounded by mountains in the other three directions. In the heart of the city lies Tsurugaoka Hachimangu, a large Shinto shrine that enshrines the divine protector of the samurai families. At the time of Kamakura's establishment, Zen Buddhism was being introduced to Japan and many Zen temples were constructed. Zen was loved by the samurai because of its meditation practice, which helped to give them mental strength.

Something not to be missed is the Great Buddha of Kamakura. The pavilion of this monumental bronze statue was destroyed in a tsunami in the 15th century. Nevertheless, it is a popular photo spot because the open-air statue leaves a strong impression.

After a visit to the temples and shrines, how about strolling along Komachi Street to check out its many unique souvenir shops and restaurants?

語句
- seat (権力などの) 中心地　□ appoint to ～ ～に任命する　□ establish ～を設置する
- geographical 地理的な　□ fortress 要塞　□ enshrine ～を祭る
- divine protector 守護神　□ nevertheless それにもかかわらず　□ open-air 野外の
- leave a strong impression 強い印象を残す　□ stroll ぶらつく

File 56. 箱根

東京の近郊で大自然が味わえる場所

箱根は東京の人にとって、近場で簡単に大自然が味わえるので、人気の観光地です。登山電車やケーブルカー、ロープウェー、はては「海賊船」まで、さまざまな乗り物を利用して周遊できます。温泉施設もたくさんあり、旅館に泊まらなくても、日帰り施設で入浴を楽しむことができます。箱根は東京と京都を結ぶ旧街道の途中にあり、美しく並んだ古い杉に囲まれたその石畳の一部を、今でも歩くことができます。最近、関所跡も再現されました。

一方、大涌谷は富士山の観賞ポイントとしても有名で、硫化水素の噴煙が独特の風景を作りだしています。面白いことに、大涌谷で茹でた卵の殻は化学反応で黒くなります。ぜひ食べてみてください。これを食べると寿命が7年延びると言われていますので。

説明のポイント

箱根は東京から近いので、お客様を日帰りで連れていくことも多いです。富士山は雲に隠れて見えないこともあるので、あまり期待を持たせ過ぎないようにしましょう。週末は登山電車もケーブルカーも大行列になることがあるので、平日に訪れるのがお勧めです。上記で紹介したスポットの他に、彫刻の森美術館、箱根神社、寄木細工の工房なども人気です。

· · · · File 56. Hakone

Hakone is a place with great nature just a short distance from Tokyo.

Hakone is popular with Tokyoites because it is not far from the big city, offering them a chance to enjoy great nature. Visitors can use a variety of transportation to get around the area, including a mountain train, a cable car, a ropeway and even a "pirate ship." There are many hot spring facilities, and you can have a soak at the day-use ones without staying at a *ryokan*, a Japanese inn. Hakone is located on the old main road between Tokyo and Kyoto, and you can still walk along some of its original stone-paved sections, beautifully lined with old cedar trees. A historic checkpoint there has recently been restored.

Meanwhile, Owakudani is a famous spot for viewing Mount Fuji and the hydrogen sulfide fumes make for a unique atmosphere. Interestingly, a chemical reaction causes the shells of eggs that are boiled there to turn black. You have to try eating one, because it is said that doing so can add seven years to your life.

語句

☐ Tokyoite 東京の人　☐ have a soak 風呂につかる　☐ day-use デイユースの、日帰りの
☐ stone-paved 石畳の　☐ (be) lined with ～ ～がずらりと並ぶ　☐ cedar tree 杉の木
☐ checkpoint 関所　☐ restore ～を復元する　☐ meanwhile 一方
☐ hydrogen sulfide 硫化水素　☐ fume ガス、水蒸気　☐ chemical reaction 化学反応

File 57. 日光

「未完成」の美しい門がある

日光では自然と文化の両方を満喫できます。この町は、山々に囲まれた風光明媚な中禅寺湖と、そこから流れ落ちる高さ約100メートルの迫力ある華厳の滝で有名です。また、江戸幕府を開いた徳川家康を祭る東照宮を忘れてはなりません。東照宮には素晴らしい寺社建築群があります。特に陽明門は豪華で、一日中見ていても飽きないことから「日暮し門」と呼ばれています。500を超える彫刻がほどこされた見事な門ですが、1カ所だけ変な箇所があります。12本の柱のうち、1本だけが上下逆さまなのです。これは「建物は完成と同時に崩壊が始まる」という考え方から、わざとそのような（未完成の）状態にしているのです。

「ナポリを見て死ね」ということわざを聞いたことがあると思います。それと同じように日本では「日光を見ずして結構と言うな」と言います。ぜひ美しい日光を訪れてください。

説明のポイント

江戸（東京）から離れた日光に徳川家康を祭ったのは、日光が江戸城の真北、ちょうど北極星の輝く位置にあるからだと言われています。この聖なる地から江戸を見守りたいという家康本人の希望でここに墓所が建てられたのです。家康の墓所は東照宮の奥にあります。長い階段を上るので、足の悪いお客様を案内する際には気配りが必要です。また、日光の社寺は東照宮だけではありません。時間があれば二荒山神社、輪王寺の大猷院や三仏堂なども紹介しましょう。

また、東照宮の神厩舎には8枚の彫刻パネルがあり、猿の一生が描かれています。その中の「見ざる、聞かざる、言わざる」の彫刻はとても有名です。これは悪いものを見たり、聞いたり、言ったりするなという教えで、英語では "See no evil, hear no evil, speak no evil." と言います。

· · · · File 57. Nikko

Nikko boasts a beautiful but purposely imperfect gate.

You can enjoy both nature and culture in Nikko. The town is famous for the scenic Lake Chuzenji surrounded by mountains, and 100-meter tall impressive Kegon waterfall flowing from the lake. And don't forget Toshogu Shrine, which enshrines Tokugawa Ieyasu, the founder of the Edo military government. It is a spectacular shrine complex. The especially gorgeous Yomeimon Gate is known as "Sunset Gate" because people can look at it all day long without getting bored. This amazing gate, which boasts more than 500 sculptures, has a strange feature: One of its 12 pillars is upside down. It was purposely done that way because of a belief that "when a building is completed to perfection, it starts to collapse."

You have likely heard the phrase "See Naples and die." Well, in the same way, Japanese say, "Don't say 'wonderful' until you have seen Nikko." So, please visit beautiful Nikko.

語句

☐ purposely わざと、意図的に ☐ imperfect 未完成の ☐ enshrine ～を祭る
☐ Edo military government 江戸幕府 ☐ complex 建築群 ☐ pillar 柱
☐ upside down 逆さまの ☐ collapse 崩壊する

File 58. 富士山

300年前に噴火している活火山

富士山は3776メートルで、日本一高い山です。また、独立峰であるため、さまざまな場所から美しい円錐形の姿を見ることができます。富士山は数十万年前から噴火を繰り返している活火山です。300年前の最後の噴火の際には、東京にも火山灰が降ったと言われています。公式の登山シーズンは、夏の2カ月間です。通常、登山者は約2000メートル地点にある登山口までバスで行き、そこから登ります。途中の山小屋で一泊して、頂上で御来光を拝むのが人気です。晩秋から翌年の春にかけて、頂上は雪で覆われます。

富士山は、神道では女神と見なされていて、頂上には神社があります。そこで結婚式をすることもできます。

この女神は嫉妬深いので、きれいな女性が近づくと雲で姿を隠してしまいます。今日はそうなるんじゃないかと少し心配です！

説明のポイント

富士山は、昔は休火山と言われていましたが、現在、休火山という分類はなく、噴火の可能性のある山はすべて活火山に分類されています。思わぬ山が噴火することもありますので、知っておくことは大切です。ただ、観光で周辺を訪れるだけのお客様を怖がらせてもいけませんので、最後はジョークで締めてはいかがでしょうか。上記のガイドの最後の「女神」のくだりは、女性のお客様がいればオチとして使えます。

File **58.** Mount Fuji

Mount Fuji is an active volcano that last erupted 300 years ago.

Mount Fuji, 3,776 meters high, is the highest mountain in Japan. Because it is an independent mountain, you can see its beautiful conical shape from various places. Mount Fuji is an active volcano, which has had numerous eruptions in the past several hundred thousand years. During the last eruption, 300 years ago, it is said that volcanic ash fell even in Tokyo. The official climbing season is in the summer and lasts about two months. Normally, climbers travel by bus to a starting point at 2,000 meters, and then they start climbing. A popular thing to do is to stay overnight in a hut along the way in order to catch the sunrise from the summit. From late autumn to the following spring, the summit is covered with snow.

Mount Fuji is regarded as a goddess in Shintoism, and there is a Shinto shrine on top. You can hold a wedding ceremony there.

This goddess is very jealous, so when beautiful ladies approach, she hides behind the clouds. I am a bit worried that might happen today!

関東近郊

語句

☐ active volcano 活火山 ☐ erupt 噴火する ☐ independent mountain 独立峰
☐ conical shape 円錐形 ☐ numerous 数多くの ☐ volcanic ash 火山灰 ☐ hut 山小屋
☐ along the way 道中で ☐ summit 頂上 ☐ jealous 嫉妬深い

File 59.　清水寺
清水の舞台から 234 人が飛び降りた

清水寺は 8 世紀に建てられた仏教寺院で、本堂の前には有名な舞台があります。その高さは地面から 12 メートルあり、山岳信仰の象徴として造られ、年中行事なども行われます。いつからか、ここから飛び降りる人が現れました。自殺するためではなく、運試しをするためです。飛び降りても無事だったら、願いが叶うと信じられていたからです。何か困難なことに挑戦するとき、「清水の舞台から飛び降りる」ということわざは、今でも使われています。

ちなみに、江戸時代にはここから 234 人が飛び降りたと言われていますが、生き残ったのは、その 85% でした。皆さん、今日は飛び降りないでくださいね。15% のお客様を失いたくありませんから。

説明のポイント

清水寺は京都を代表するお寺で、土産店の並ぶ参道、仁王門、三重の塔、開山堂など見所がたくさんあり、説明もたくさん必要です。でも、まずは最大の見所である本堂前の「清水の舞台」の説明をしましょう。願掛けのエピソードなどから、どんな場所なのか見てみたいと期待が高まります。その上で道中に見えるものを説明すれば、さらに興味を持って耳を傾けてくれるでしょう。

File 59. Kiyomizu Temple

It is said that 234 people have jumped off the stage of Kiyomizu Temple.

Kiyomizu is a Buddhist temple constructed in the eighth century that has a famous stage in front of its main hall. The stage, which is 12 meters off the ground, was made as a symbol of mountain worship and to hold annual events. At some point, people started to jump off it. The jumps were not actually suicide attempts but a way for people to test their luck. It was believed that if you jumped off and survived, your wish would come true. So the proverb "Jumping off the stage of Kiyomizu" is used even today when we try doing something challenging.

By the way, it is said that 234 people jumped off it during the Edo period and 85 percent of them survived. Please don't try jumping off it today. I don't want to lose 15 percent of my guests.

Chapter 3

京都

語句

- [ ] construct 建設する　[ ] main hall 本堂　[ ] mountain worship 山岳信仰
- [ ] annual event 年中行事　[ ] at some point いつからか　[ ] suicide attempt 自殺の試み
- [ ] test one's luck 運試しをする　[ ] survive 生き残る　[ ] proverb ことわざ

File 60. 二条城

現存する唯一の徳川将軍の城

二条城は初代の徳川将軍、家康によって1603年に建てられました。幕府は江戸、すなわち現在の東京にあったので、家康は京都に来た際、この城に滞在しました。京都には天皇がいたので、朝廷の動きを探れる場所でもありました。天守閣が18世紀に火災で焼失し、それ以来再建されていないので、今の二条城はお城に見えないかもしれません。

大広間は最後の将軍、15代の慶喜が大政奉還を宣言した歴史的に重要な場所です。入口付近は金箔の上に虎や大きな松などを描いた力強い装飾がされています。入口付近は訪れた大名が入るので、権威を彼らに示すために力強い装飾になっているのです。中央付近の部屋の装飾は力強さよりも優雅になります。それに対して、将軍の私的な部屋は落ち着いた水墨画のみで装飾されています。

説明のポイント

二条城は徳川幕府を紹介する上でとても重要な場所です。東京には残念ながら、門や櫓を除いて江戸城の建物が残っていないからです。天守閣と本丸は火災に遭ったので見学できるのは二の丸御殿だけです。二の丸御殿が本丸の役割も担ったので、二の丸には、受付、大広間、老中部屋、将軍の私室など、さまざまな部屋が残っています。

File 60. Nijo Castle

Nijo Castle is the only existing castle of the Tokugawa shogunate.

Nijo Castle was constructed by the first Tokugawa shogun, Ieyasu, in 1603. He had a military government in Edo, now Tokyo, so he stayed at this castle whenever he came to Kyoto. The emperor was based in Kyoto, so it was also the place where Ieyasu could get information about the imperial court. Today, Nijo Castle may not look like an actual castle because its main keep burned down in a fire in the 18th century and has never been reconstructed.

The large meeting room is historically important as it is where the last shogun, the 15th Yoshinobu, announced that he was going to return the governing power to the emperor. The entrance area is decorated with strong motifs, such as tigers and pine trees, on a gold-leaf background. Visiting *daimyo*, or feudal lords, would go into the entrance area, so the shogun wanted to show off his power to them with these strong designs. If you go into the middle area, the design becomes elegant rather than strong. In contrast, the shogun's private area contains only sober ink brush paintings.

Chapter 3

京都

語句

☐ military government 幕府 ☐ the imperial court 朝廷 ☐ main keep 天守閣
☐ burn down 焼失する ☐ return the governing power to the emperor 統治権を天皇に返還
する ※ここでは「大政奉還」のこと ☐ motif モチーフ ☐ gold-leaf 金箔の
☐ show off 見せびらかす ☐ sober 落ち着いた ☐ ink brush painting 水墨画

File 61. 金閣寺

将軍の引退後の住居として建造された

金閣寺は14世紀に、室町幕府の3代将軍、足利義満によって建てられました。彼は、将軍引退後も権力を誇示するため、豪華な邸宅を建てたのです。3階建ての建物の2階と3階の壁は金箔で覆われました。彼の遺言により、この邸宅は仏教寺院となりました。お寺の正式名称は鹿苑寺と言い、金閣と呼ばれる金色の建物はお釈迦様のお骨を納める舎利殿です。山々を借景とし、池の水面に映ったきらびやかな金閣は、息をのむほど美しいです。

残念ながら今の金閣は20世紀に再建されたものです。元の金閣はお寺の見習い僧による放火事件で焼失しました。金閣寺の美しさへの嫉妬から放火したと言われています。この事件を作家の三島由紀夫が『金閣寺』という小説にしました。

説明のポイント

説明なしに金閣寺を見ると、単に「美しいお寺」で終わってしまいます。金色に輝くお寺というのは日本の中でも珍しいものであり、足利将軍が権力を誇示するための邸宅として建てたということをきちんと伝えましょう。屋根の上の鳥は鳳凰（phoenix）で、良い政治家が出たときに現れると言われる伝説の鳥です。義満はこの鳳凰を屋根にいただくことで、自分をさらに誇示しています。

······**File 61. Kinkaku-ji**

Gorgeous Kinkaku-ji was built to serve as the retirement residence of a shogun.

Kinkaku-ji was constructed in the 14th century by the third shogun of the Muromachi military government, Ashikaga Yoshimitsu. He built an extraordinary residence to show he still had power even after retiring as shogun. The second and third stories of the three-storied pavilion were coated with gold leaf. In his will, he asked that the residence be converted into a Buddhist temple. The temple's official name is Rokuon-ji, and its golden pavilion, called *Kinkaku*, acts as a *shariden*, a place to house the bones of the Buddha. Seeing the glittering pavilion reflected in the pond with the mountains behind will take your breath away.

Unfortunately, the pavilion is a 20th century reconstruction. The original was burned down in an arson attack by a novice monk. It is said that the monk started the fire because he was so jealous of the beautiful Kinkaku-ji. Author Yukio Mishima wrote about this event in his novel titled *Kinkaku-ji*.

Chapter 3

京都

語句

- retirement 引退　　military government 幕府　　extraordinary 驚くような
- gold leaf 金箔　　will 遺言　　(be) converted into ～ ～に変わる
- glittering きらびやかな　　take one's breath away ～に息をのませる、～をはっとさせる
- arson attack 放火　　novice 未熟者、見習い

File 62. 銀閣寺

銀色でなくても、魅力的な建築物

銀閣寺は15世紀に、室町幕府の8代将軍、足利義政によって建てられました。金閣寺と同じように、将軍の引退後の邸宅として建てられ、その死後、仏教寺院となりました。銀閣は銀色の館を意味しますが、金閣寺と違い、建物に銀箔は貼られていません。なぜこうなったかについては、完成前に義政が亡くなってしまったから、財政難だったから、漆塗りの壁が日の光ですでに銀色に見えたからなど、さまざまな説があります。

義政には政治的な手腕がなく、応仁の乱という京都を荒廃させる内戦を引き起こしました。一方、彼は日本文化に大きく貢献した人物として、歴史上重要です。伝統的な日本の演劇である能の発展に尽力したり、茶の湯を芸術の域に高めたりしました。また銀閣寺は、日本の伝統的家屋の原点となる要素を備えています。実際に銀色ではありませんが、日本の美意識を体現したその控えめな優美さは、人に感動を与えます。穏やかで、美しいと思いませんか。

説明のポイント

銀閣寺は金閣寺と同じように銀色だと思って訪れる外国人観光客も多いので、黒い外観に最初は驚きます。がっかりする人もいますが、逆に落ち着いた佇まいを美しいと感じる人も多いので、ここでわびさびにも通じる日本の美を紹介できるといいですね。

庭園や、回遊路の上から見下ろす景色も美しいので、建物と合わせて案内しましょう。ここから「哲学の道」が続いていますし、大文字山の登山口でもあります。銀閣寺周辺の見所についても情報を仕入れておきましょう。

····· File 62. Ginkaku-ji

Ginkaku-ji is not silver, but it boasts a very attractive structure.

Ginkaku-ji was constructed in the 15th century by the eighth shogun of the Muromachi military government, Ashikaga Yoshimasa. Like Kinkaku-ji, it was created to be the shogun's retirement home and was then transformed into a Buddhist temple after his death. *Ginkaku* means silver pavilion, but unlike Kinkaku-ji, the pavilion has no silver leaf coating. There are various theories as to why this would be, including: Yoshimasa died before the pavilion was finished, there were financial problems, and the lacquered wall already looked silver in the sun.

Yoshimasa's poor political skills provoked the Onin Civil War that devastated Kyoto. But he was important in history as someone who contributed greatly to Japanese culture. He was a strong patron of Noh, a classic form of Japanese drama, and developed the tea ceremony into a fine art. Ginkaku-ji also has the basic elements of a traditional Japanese house. It is not actually silver, but it still impresses us with its understated elegance which embodies the Japanese concept of beauty. Don't you think it's quietly beautiful?

Chapter **3**

京都

語句

☐ retirement 引退 ☐ transform into ~ ~に変わる ☐ theory 説
☐ lacquered 漆の塗られた ☐ provoke ~を引き起こす ☐ devastate ~を荒廃させる
☐ patron 後援者 ☐ understated 控えめな ☐ embody ~を具体化する

File 63. 伏見稲荷大社

1万基もの鳥居が山頂まで続く絶景の神社

伏見稲荷大社は8世紀に創建された神社です。233メートルの稲荷山全体が境内で、麓から頂上まで1万基の鳥居が続いています。小さな鳥居がトンネルのように続く「千本鳥居」は、特に神秘的な空間です。「鳥居を通る」ことは「願いが通る」に通じるため、多くの人々や会社がここに鳥居を奉納しています。穀物の神、稲荷とは「稲が生る」という意味があり、かつて人々は米の豊作を祈っていました。しかし現在では、多くの人が商売の成功を祈っています。鳥居の裏には、奉納者の名前と日付が書いてあります。また、神社の境内にはたくさんのキツネの像があります。ここでは、キツネは神である稲荷の使いとされていますが、キツネは米の収穫の大敵であるネズミを捕えるので、米の守り神ということもできます。

あなたも何か願い事があれば、鳥居を奉納することができますよ。

説明のポイント

鳥居が朱色なのは、邪気を払うためと言われています。また、鳥居は現世から幽界に通じる門という考え方もあります。

伏見稲荷大社はいつも観光客で混雑していますが、宗教施設ですので、敬意を持って訪問しましょう。神秘的な風景を写真に収めたい気持ちはわかりますが、同じ場所を長時間占領したり、一方通行を逆に歩いたりしてはいけません。お客様にも、きちんとマナーを守ってもらいましょう。なお、上記の通り鳥居は誰でも奉納できますが、小さいもので20万1000円から（2020年現在）です。

· · · · · · File 63. Fushimi Inari Taisha

Fushimi Inari Taisha is a spectacular shrine with 10,000 *torii* gates leading up to the top of a mountain.

Fushimi Inari Taisha is a Shinto shrine founded in the eighth century. The whole of 233-meter Mount Inari lies within the shrine precincts, and 10,000 *torii* gates lead from the base of the mountain to its summit. The area known as "Thousands of Torii," where small gates continue one after another like a tunnel, is particularly mystical. As passing through *torii* is believed to lead to the fulfillment of wishes, many people and companies donate *torii* gates there. The god of harvests, Inari, has the meaning of rice growing, and people used to pray for abundant harvests. Nowadays, however, many people pray for the success of a business. On the back of the *torii* you can see names of those who have made offerings and the dates. There are also many fox statues within the shrine precincts. Here the foxes serve as messengers of the god Inari and can also be said to be guardian deities because they catch the mice that would be a major rival in harvesting the rice.

If you would like to wish for something, you too can pay for having your own *torii*.

Chapter 3

京都

語句

☐ lead up to 〜 〜まで続く　☐ precincts 境内　☐ mystical 神秘的な　☐ fulfillment 成就
☐ abundant harvest 豊作　☐ messenger 使者　☐ rival 敵

File 64. 京都御所

東京の皇居と違って、お堀も高い石垣もない

東京にある皇居は、お堀と高い石垣に囲まれています。これは、そこにかつての将軍の居城があったためです。それに対して、19世紀後半まで天皇の住まいであった京都御所には、お堀も高い石垣もありません。武将であった将軍は、攻撃に備えて防備を固める必要がありましたが、精神的な指導者とされていた天皇にはその必要がなかったからです。

現在、御所の一部は見学できますが、皇室の行幸啓の際には皇族の宿泊所として使用されています。御所の周囲は京都御苑と呼ばれ、かつて公家屋敷が建ち並んでいた場所ですが、今は静かな公園となり一般開放されています。京都は、8世紀後半から1000年以上も皇居が置かれたところです。

説明のポイント

歴史における天皇と将軍の役割を説明しましょう。将軍は天皇により任命されましたが、政治的権力は将軍が握っていました。明治維新により、1868年、皇居は京都から東京に移ります。なぜそうなったかについては、江戸がすでに日本最大の都市になっていたこと、海に面していること、広い平野が続き将来の発展性があったことなど、さまざまな理由があるようです。

File **64.** Kyoto Imperial Palace

Unlike that in Tokyo, there are no moats and high stone walls around Kyoto Imperial Palace.

The Imperial Palace in Tokyo is surrounded by a moat and high stone walls. This is because the shogun's castle once stood there. In contrast, there are no moats and high stone walls around the Kyoto Imperial Palace, where the emperors lived until the late 19th century. As military commanders, the shoguns needed to protect themselves from attack, unlike the emperors, who were regarded as spiritual leaders and so did not.

Today, it is possible to take a tour of some parts, but the palace is still used as accommodation during visits by imperial family members. The area surrounding Kyoto Imperial Palace is called Kyoto Gyoen, which was once a residential area for court nobles but is now a quiet park open to the public. Kyoto has been the location of an imperial palace since the late eighth century, so for more than 1,000 years.

Chapter **3**

京都

語句
- Kyoto Imperial Palace 京都御所　☐ the Imperial Palace 皇居　☐ surround 囲む
- moat 堀　☐ stone wall 石垣　☐ in contrast それに対して　☐ accommodation 宿泊施設
- court noble 公家

File 65. 龍安寺

エリザベス女王のおかげで、石庭が有名になった

龍安寺は禅寺です。禅宗では坐禅を重んじており、石庭を眺めていると心が落ち着いてきます。石庭は枯山水と呼ばれますが、水を用いずに石や砂などによって風景を表します。龍安寺の石庭には砂利の中に15個の石が置かれていますが、一度にすべての石を見ることはできません。数字の15は十五夜の満月に通じる、完全を表す数字で、15個の石を一度に見ることができないということは、人間が完全でないことを表しているかのようです。また「完成すると崩壊が始まる」との考えから、わざと不完全に作ったとも言われています。

1975年にはイギリスのエリザベス女王が龍安寺を訪れました。彼女は感動したとも、この庭を理解できなかったとも言われています。真相はわかりませんが、彼女のおかげで龍安寺が世界的に有名になったことは確かです。

説明のポイント

龍安寺にお客様を案内したら、あまりくどくどと説明するよりも、まずは石庭をじっくりと見てもらって、何かを感じてもらうといいでしょう。その後で、枯山水の説明をすればよいと思います。茶室の前にある手水鉢は有名な「知足のつくばい」です。つくばいに刻まれた「吾唯足知」(われ、ただ足るを知る＝I am content with what I am.) は禅の教えの1つであり、「口」という部首を4つの漢字でシェアしているデザインもユニークです。

File 65. Ryoan-ji

The rock garden of Ryoan-ji became famous thanks to Queen Elizabeth.

Ryoan-ji is a Zen temple. Zen Buddhism emphasizes meditation, and when people gaze at a rock garden their minds become calm. Called a dry landscape garden, the scene is expressed by materials such as rocks and sand without using water. There are 15 rocks positioned in the gravel at the Ryoan-ji rock garden, but not all can be seen at the same time. The number 15 represents the perfection of a full moon after 15 nights and the fact that we can't see those 15 rocks all at once suggests that humans are not perfect. It is also said that this garden was made imperfect on purpose, because of the thinking that collapse begins when something has been completed.

In 1975, the UK's Queen Elizabeth visited Ryoan-ji. Some say that she was impressed, but others say that the garden was a mystery to her. We don't know the truth, but what is certain is that Ryoan-ji became world famous thanks to her.

Chapter 3

京都

語句
☐ emphasize ～を重視する ☐ meditation 瞑想 ☐ gaze at ～ ～をじっと見る
☐ dry landscape garden 枯山水 ☐ material 材料 ☐ position ～を置く ☐ gravel 砂利
☐ imperfect 不完全な ☐ on purpose わざと ☐ mystery 不明なこと、不可解なこと

File 66. 祇園

日本で一番、芸者に会える町

芸者は伝統的な芸を見せるために稽古を積んだ女性です。日本各地にいますが、京都が一番多く、約250人います。京都には芸者がいる5つの花街がありますが、中でも祇園が一番大きな街です。15歳で見習いの芸者、「舞妓」となるのが一般的です。置屋に住み、踊り、唄、三味線、茶道などさまざまなことを学びます。20歳になり基本を一通り学ぶと、正式な芸者になります。舞妓と修行を経た芸者では、着物や髪型など、多くの違いがありますが、顔を白く塗る点は共通しています。かつて電灯がない時代に、美しい顔を目立たせるために白く塗るようになりました。

彼女たちに会えるのは夜です。昼間、芸者に会ったとしたら、それは実は変装した観光客かもしれません。あなたも芸者に変身できますよ。

説明のポイント

海外からのゲストの中には芸者を娼婦と誤解している人もいますので、芸者とはどういう人たちなのかをきちんと説明しましょう。京都には外国人観光客を歓迎するお茶屋や、舞妓の踊りなどのショーを見せてくれる劇場もありますので、案内すると喜ばれます。

1997年に出版されたアーサー・ゴールデンの小説 *Memoirs of a Geisha* は2005年に映画化され大ヒットしたので、多くの方が知っています。ぜひ一度小説を読むか、映画を見ておきましょう。

ちなみに、芸者は結婚したら引退しますが、独身の間は何歳であっても続けることができます。

····· File 66. Gion

Gion is the town in Japan where you have the best chance to see geisha.

A geisha is a woman who has trained to display traditional artistic skills. There are geisha all over Japan, but Kyoto, where there are about 250, has the most. Of the five Kyoto districts known for their geisha, Gion is the biggest. It is common for girls to become apprentice geisha, called "maiko" at the age of 15. They live in dormitories and learn a variety of things, such as dancing, singing, playing *shamisen* and the tea ceremony. After they have turned 20 and completed their basic training, they officially become geisha. There are many differences between maiko and fully trained geisha, such as their kimonos and hairstyles, but both have to wear white makeup on their faces. They used to wear white makeup to highlight the beautiful face when there was no electric light.

You may see them in the evening. If you think you see geisha during the day, they are actually tourists in disguise. You too can be transformed into a geisha.

Chapter 3

京都

語句
☐ display 〜を見せる ☐ apprentice 見習いの ☐ dormitory 寮 ※ここでは「置屋」のこと。
☐ makeup 化粧 ☐ highlight 〜を目立たせる ☐ in disguise 変装した
☐ transform 〜 into... 〜を…に変身させる

File 67. 天橋立

逆さまに見る絶景

日本三景の１つである天橋立は、美しい景色が見られる場所です。天橋立という語は、天に架かる橋を意味し、湾の中に長く細い砂州が蛇行しながら対岸まで伸びています。天につながるはしごが倒れたものという説もあります。砂州の上は松林になっていて、海の青と砂州の白と松林の緑の３色が鮮やかなコントラストを生み出しています。

展望ポイントがいくつかありますが、砂州の両岸の高台にある展望台がお勧めです。これらの場所では奇妙な観賞方法が有名です。頭を下げて股の間から景色を眺めてみてください。景色が逆転し、砂州が天に昇る龍のように見えます。多くの人が股の間から景色を楽しんでいる様子が、またとても面白い風景です。

説明のポイント

日本には素晴らしい景色を楽しめる場所がたくさんありますが、京都府北部にあるこの天橋立のように、逆さまに景色を見るという場所はとても珍しいです。それをきちんと伝えましょう。海外からのグループツアーで訪れた方々は、皆さん、実際に股のぞきをしながらお互いに写真を撮って楽しんでいます。

砂州は約３キロメートルの距離なので、歩いて対岸まで行くこともできます。

File **67.** Amanohashidate

Amanohashidate features great views, which you should see upside down.

One of the Three Most Famous Views in Japan, Amanohashidate is a place where you can see beautiful scenery. The word means bridge across heaven, and refers to the long narrow sandbar that meanders all the way across the bay to the opposite shore. There is also a legend that it is a ladder to heaven that has fallen down. There is a pine forest on the sandbar, and the tricolor of blue, white and green of the sea, sandbar and pine forest make for a vivid contrast.

There are several lookout points, but I recommend the viewing platforms on the high ground at both ends of the sandbar. These locations are famous for a strange way to appreciate the view. Please bend down and look at the view through your legs. When viewed upside down, the sandbar looks like a dragon rising up to the heavens. It is also a very interesting sight to watch the many people enjoying the view through their legs.

Chapter 3

京都

語句

☐ upside down 逆さまに ☐ heaven 天、天国 ※下から3行目の the heavens は「天、空」を指すので複数形。 ☐ refer to ～ ～に言及する ☐ Three Most Famous Views 日本三景 ※京都の天橋立、宮城の松島、広島の宮島を指す。 ☐ sandbar 砂州 ☐ meander 曲がりくねって進む ☐ opposite shore 対岸 ☐ ladder はしご ☐ pine forest 松林 ☐ tricolor 3色の ☐ make for ～ ～を生み出す ☐ platform 高台 ☐ appreciate ～を観賞する

File 68.　東大寺

日本一古い大仏がある

８世紀に建てられた古いお寺である東大寺には、高さ約15メートルのブロンズ製の大仏があります。大仏自体は日本一の大きさではありませんが、早くも８世紀にこれだけ大きな像が造られたのは驚くべきことです。また、大仏を覆う大仏殿は日本一大きな木造建築です。２度の火災に遭い、大仏は大規模な修復を経験しました。大仏殿も建て替えられていますが、当初の大仏殿はもっと大きかったと言われています。大仏の右手は正面に向けられ、これは「心配するな」ということを表します。左手は上に向けられ、「私はあなた方を救う」という意味です。

近くにある柱の穴は大仏の鼻の穴と同じ大きさで、ここを通り抜けるとご利益を得られると言われています。あなたもやってみますか。

説明のポイント

大仏を目の前にすると、外国人観光客は、その大きさに一様に驚きます。さらに、現在目にすることができる大仏殿は1709年に再建されたものですが、300年以上も前にこれだけの規模の木造建築が建造されたことに感銘を受けます。こうした歴史をしっかりと伝えましょう。

仏像の手の形や組み方を「印相」と言います。印相は仏像の種類やメッセージを表すもので、東大寺の大仏の右手の形を「施無畏印」、左手の形を「与願印」と言います。

大仏の両脇には菩薩像、その後ろには各方位を守る四天王のうちの２体（西の広目天と北の多聞天）があります。

File 68. Todai-ji

The oldest Great Buddha in Japan is at Todai-ji.

An ancient Buddhist temple constructed in the eighth century, Todai-ji features a bronze Great Buddha that is around 15 meters high. Although the Great Buddha itself is not the largest in Japan, it is surprising that this huge statue was made as early as the eighth century. Also the pavilion covering the Buddha is the largest wooden building in Japan. Having suffered fires on two occasions, the Great Buddha has experienced major restoration. The pavilion was also reconstructed, and it is said that the original was much bigger. Facing the front, the Great Buddha's right hand signifies "Do not worry". Facing upward, his left hand means "I will save you".

The hole in a nearby pillar is the same size as one of the Great Buddha's nostrils, and it is said that passing through it will bring good luck. Would you like to try?

Chapter **4**

関西近郊

語句

☐ Great Buddha 大仏　☐ pavilion お堂　☐ restoration 修復　☐ reconstruct 〜を再建する
☐ signify 〜を意味する　☐ upward 上向きに　☐ nostril 鼻の穴

File 69. 春日大社

神の使いのシカがおじぎをして迎えてくれる

参道に約2000基の石灯籠が並んでいる春日大社は、8世紀に創建された神社です。また、本殿の周囲には約1000の釣燈籠があります。これらの燈籠は、古くから人々が寄進してきたものです。万燈籠と呼ばれる行事の際には、すべての燈籠が灯されて、幻想的な光景になります。

ところで、ここに祭られている神様は、別の神社から白いシカの背に乗ってやってきたと言われています。そのため、奈良ではシカは神の使いとして、聖なる動物とみなされています。奈良市には約1400頭のシカが棲息しています。参道で売っているせんべいを買えば、餌づけすることができます。せんべいをもらう前におじぎをする、とても行儀のよいシカもいますよ。

説明のポイント

京都や奈良ですでに多くの寺社仏閣を見てきた外国人観光客には、その場所の特徴的なものだけを伝えないと、「また神社か！」となりかねません。春日大社では神社の説明よりも、数多くの燈籠、そしてシカを強調するとよいでしょう。ただし、鹿せんべいをやる際に、シカの角でつつかれたり、噛みつかれたりする事故も発生していますので、ご注意ください。

古くは、春日大社の背後にある春日山そのものがご神体として崇められてきました。その西麓に768年、藤原氏が氏神を祭るために春日大社を建てました。春日山は神域として殺生伐採が禁じられたので、そのまま原生林として残り、世界遺産「古都奈良の文化財」を構成する一部となっています。

File **69.** Kasuga Taisha

Messengers of the gods, deer at Kasuga Taisha Shrine will bow and greet you.

Featuring around 2,000 stone lanterns that line its approach road, Kasuga Taisha is a Shinto shrine founded in the eighth century. There are also about 1,000 hanging lanterns around the main building. These lanterns have been donated by people since ancient times. During the festival known as Mantoro, all the lanterns are lit and create a fantastic spectacle.

By the way, it is said that the god enshrined here came from another shrine on the back of a white deer. Deer are therefore regarded as messengers of the gods and remain sacred animals in Nara. There are approximately 1,400 deer in Nara City. If you buy the crackers sold on the approach road to the shrine, you can feed them. There are even very polite deer that bow before receiving crackers.

Chapter 4

関西近郊

語句

☐ messenger 使い ☐ bow おじぎする ☐ greet ～を迎える ☐ stone lantern 石燈籠
☐ approach road (to a shrine) 参道 ☐ found ～を創建する ☐ hanging lantern 釣燈籠
☐ donate ～を寄進する ☐ spectacle 光景 ☐ enshrine ～を祭る

File 70. 法隆寺
世界最古の木造建築

法隆寺は7世紀に創建された仏教寺院で、火災で一度焼け落ち、8世紀に再建されています。再建したにもかかわらず、現存する日本最古の寺であるとともに、世界最古の木造建築です。金堂と五重塔などを含む西院伽藍が、最古の木造建築です。当初、31代用明天皇が自身の病気治癒のために寺院の建築を計画しました。その後、用明天皇の妹で初の女性天皇である推古天皇と、用明天皇の息子である聖徳太子によって完成されました。

聖徳太子は天皇ではなく摂政を務めただけですが、日本人にとても人気のある人物です。「和を以て貴しとなす」で始まる、日本初の憲法を作りました。彼の功績から、一時1万円札に彼の肖像が印刷されていました。

説明のポイント

ヨーロッパの建築は石やレンガを多用しているため、古代ローマの遺跡などがあちらこちらに残っています。しかしながら、日本の建築は一般的に木造であり、火災や腐食などによって朽ちやすいため、法隆寺のように1300年も残っているのは奇跡的なことです。この事実を理解してもらいましょう。

法隆寺は奈良の中心から外れた場所にひっそり佇んでいるため、東大寺のように混雑することは少なく、古いお寺を静かな環境でゆっくり味わうことができます。そんなお寺が、正岡子規の俳句「柿くえば　鐘が鳴るなり　法隆寺」によって、日本人なら誰でも知っているということも興味深い点です。

法隆寺を訪れたら、金堂内の釈迦三尊像など、国宝の素晴らしい仏像も忘れずに見てもらいましょう。

File 70. Horyu-ji

Horyu-ji is the oldest wooden construction in the world.

Horyu-ji is a Buddhist temple that was founded in the seventh century and reconstructed in the eighth century after burning down in a fire. Despite being a reconstruction, it is still the oldest Buddhist temple that exists in Japan and the oldest surviving wooden structure in the world. The Western Complex, including the main hall and the five-storied pagoda, is the oldest wooden structure. The temple was first planned by the 31st emperor, Yomei, to cure his own diseases. Then his sister, the first female emperor, Empress Suiko, and Emperor Yomei's son, Shotoku Taishi, finished it.

Shotoku Taishi was not an emperor and only acted as a regent, but he remains a very popular person among Japanese people. He made Japan's first constitution, which begins with "Harmony should be valued." Due to his achievements, his portrait used to be printed on the 10,000 yen banknote.

Chapter 4

関西近郊

語句

☐ burn down 全焼する ☐ surviving 現存する ☐ five-storied pagoda 五重塔
☐ regent 摂政 ☐ constitution 憲法 ☐ achievement 功績 ☐ portrait 肖像画
☐ banknote お札

File 71. 道頓堀

派手な看板とネオンがあふれている

大阪は「食いだおれ」の町と呼ばれますが、「食べ物で財産を使い果たしてしまう」という意味です。大阪が美食家の町であることを表しています。特に道頓堀には多くの飲食店が集まっています。かつてこの辺りには歌舞伎座や小さな芝居小屋がたくさんありました。辺り一帯には驚くような大きな看板があります。たとえば、ある飲食店の前には動くパーツが付いた巨大なカニの模型があり、別の飲食店の前には大きな寿司の模型があります。夜になるとネオンを使った広告看板が明るい光を放っており、派手好きな大阪人の気質を表しています。

この地域は、屋台料理の天国で、衣をつけて焼いたタコの団子、「タコ焼き」などいろいろな料理を気軽に試すことができます。道頓堀を訪れるときは、ぜひお腹を空かせて行ってください。

説明のポイント

道頓堀は日本の中でも独特の雰囲気を持つ町で、興味を持つ外国人観光客がたくさんいます。大阪が食いだおれの町であること、かつては芝居小屋の集まる町であったことや、派手好きな大阪人気質についてなど、道頓堀の背景を説明してあげましょう。また、道頓堀は川の名前でもあります。17世紀に造られた全長約2.7キロメートルの運河です。運河には観光船が行き来し、運河から町を楽しむこともできますし、運河沿いには「とんぼりリバーウォーク」という遊歩道もあります。

File **71.** Dotonbori

Dotonbori is full of flashy signboards and neon signs.

Osaka is called the town of "Kuidaore," which means "Eat yourself out of house and home." It shows that Osaka is a city for foodies. The Dotonbori district especially has a great number of restaurants. There used to be a Kabuki theater and many small theaters in the area. All around are amazing big signs. For example, one restaurant is adorned with a model of a giant crab complete with moving parts, while another has a large model of a piece of sushi. All the neon advertisements cast a bright light in the evening, which rather expresses the spirit of Osaka people with their love of flashy things.

The district is also a street food paradise, and you can try a variety of different dishes, including "takoyaki," or balls of battered and fried octopus. When you have a chance to visit Dotonbori, please go there on an empty stomach.

Chapter 4

関西近郊

語句

☐ flashy 派手な ☐ neon sign ネオン ☐ foodie 美食家
☐ great number of 〜 非常に多くの〜 ☐ sign 看板 ☐ adorn 〜を装飾する
☐ complete with 〜 〜付きの ☐ cast a light 光を放つ ☐ street food 屋台料理
☐ battered 衣つきの ☐ on an empty stomach 空腹で

　大阪城

大阪市民が建てた大阪のシンボル

大阪城の天守閣は封建時代に建てられたものではなく、1931年に
再建されたものです。それでも、大阪の人々は大変誇りにしていま
す。それは市民の寄付によって建てられたからです。元の城は、16
世紀後半に当時権力を握っていた豊臣秀吉が建て、（その後将軍と
なった）徳川家に攻め滅ぼされます。徳川秀忠将軍は新たな城を建
造しましたが、天守閣はすぐに落雷によって起きた火災で焼失し、
その後その時代には再建されませんでした。

1920年代に大阪市長が復元計画を提案すると、わずか半年間で
150万円——現在の価値で言うと約700億円——の寄付が集まり、
ついに天守閣が再建されました。周囲には江戸時代の櫓や石垣が
残っています。その敷地は大阪城公園として一般に公開されていま
す。春には花見の名所となる、にぎやかで絵のように美しい公園で
す。

説明のポイント

日本に現存するオリジナルの天守閣は12棟だけです（File 01. 参照）。明
治維新後の廃城令で多くの城が解体されました。地元の人の尽力で残さ
れた城もあれば、大阪城のように市民の募金などによって再建されたも
のもあります。いずれにしても、日本の歴史を語る上で、城は外すこと
のできない歴史遺産です。

···· File 72. Osaka Castle

Osaka Castle is a symbol of Osaka built by the people.

The main keep of Osaka Castle is not the original from feudal times but rather a reconstruction, which was built in 1931. Nevertheless, people of Osaka are extremely proud of it because it was constructed through donations from the citizens of the city. The original castle was built in the late 16th century by Toyotomi Hideyoshi, who was in power at that time. It was attacked and destroyed by the Tokugawa family. Shogun Tokugawa Hidetada constructed a new castle but the main keep burned down in a lightning-caused fire and was never reconstructed during those times.

In the 1920s, when the mayor of Osaka City proposed a restoration project, 1.5 million yen — which is about 70 billion yen in today's money — was donated in only half a year and the main keep was finally reconstructed. Around it remain the original turrets and stone walls from the Edo period. The grounds are open to the public as Osaka Castle Park. The park is a lively and picturesque spot for cherry blossom viewing in the spring.

Chapter 4 関西近郊

語句

☐ main keep 天守閣 ☐ feudal times 封建時代 ☐ reconstruction 再建されたもの
☐ nevertheless それでもなお ☐ burn down 焼失する ☐ lightning 落雷
☐ propose 提案する ☐ restoration 復元 ☐ remain 残る ☐ turret 櫓 ☐ stone wall 石垣
☐ picturesque 絵のように美しい

File 73. 神戸

牛がビールを飲みクラシック音楽を聞く？
そう、もしかしたら神戸では！

神戸港は国際貿易を行うために最も早く開港した港の1つなので、多くの外国人が移り住み、今でも多くの洋風の大邸宅（異人館）が残っています。夜になると、湾岸沿いの観覧車、博物館、ホテルなどがライトアップされ、この港町は「日本三大夜景の1つ」とされています。

また、神戸はうまみと肉汁たっぷりの神戸牛で有名です。マーブル状に脂肪が入った（霜降りの）肉が美味しさのポイントです。神戸牛には厳しい認定基準があり、年間5500頭ほどしか認定されません。畜牛は秘密裏に育てられているため、さまざまな伝説が誕生しています。神戸牛はクラシック音楽を聞き、ビールを飲み、毎日マッサージを受けているなどと言う人もいます。真偽のほどは定かではありませんが、とても大事に育てられていることは確かです。神戸牛として生まれ変わるのも悪くないかもしれません！

説明のポイント

お客様から「神戸牛を食べたい」という希望を受けることは多く、知名度の高さを感じます。伝説が独り歩きしているきらいがあり、牛に音楽を聞かせるなどは、ごく一部の生産者が行っているだけのようです。でも、「これらの話は作り話です」と言ってがっかりさせるよりも、「伝説」という言い方をするほうがいいでしょう。

残念ながら先日亡くなった、アメリカのプロバスケットボール選手コービー・ブライアントの名前は、父親が大好きな神戸ビーフから名付けたと言われています。

····File 73. Kobe

Cows that drink beer and listen to classical music? Maybe yes, in Kobe!

Because the port of Kobe was one of the first to be opened to international trade, a lot of foreigners came to live there, and many Western-style mansions still remain. In the evening, a number of structures along the harbor are lit up, including a Ferris wheel and museum as well as some hotels, earning the port the ranking of "one of the top three night views in Japan."

Kobe is also known for rich, juicy Kobe beef. The key to its deliciousness is the way the beef is marbled. There are strict criteria for certification, and only about 5,500 cows are certified per year. There are a lot of legends surrounding Kobe beef because the cattle are raised so secretly. Some say, they listen to classical music, are given beer to drink and are massaged daily. These things may or may not be true, but these cows are certainly raised with great care. It might be wonderful to be reborn as a Kobe cow!

Chapter 4

関西近郊

語句

☐ classical music クラシック音楽　☐ mansion 大邸宅　☐ Ferris wheel 観覧車
☐ earn ～（名声など）を得る　☐ marbled マーブル状の、霜降りの　☐ criteria 基準
☐ certification 認定　☐ cattle 畜牛　☐ reborn 生まれ変わる

File 74. 姫路城

典型的な日本の城

日本には封建時代に建造された本物のお城の天守閣が12棟あります。中でも一番日本のお城らしいのが姫路城でしょう。大天守を３つの小天守が囲み、また多くの昔の門や櫓、石垣が残っています。城の周りにはさまざまな防御機能が見られます。天守閣に近づくにつれて門が小さくなっていることに気づくでしょう。土塀にはたくさんの狭間があり、城内では上から戦うときに守る側が有利になるよう、急な階段が続きます。石落としもあります。白い外観は外壁のしっくいの色で、防火効果とともに、美しさにも寄与しており、「白鷺城」という呼び名の元になっています。屋根の上には鯱鉾と呼ばれる、想像上の生き物の特別な瓦があり、これは火災に遭わないように建物を守るお守りのような存在です。

ぜひ姫路城を訪れて、封建時代にタイムスリップした感覚を味わってください。

説明のポイント

お城の面白さは、防御機能にあると思います。外国人観光客もまずその点に興味を示します。日本の城には石落としというものがありますが、これは床の一部を開けて、石垣を登ってくる敵に石などを落として攻撃するためのものです。ヨーロッパの城にも同様の仕掛けがありますが、主に熱した油を敵に落としたということです。外国の城についての知識があると、より興味深い話ができますよ。

File 74. Himeji Castle

Himeji Castle is a typical Japanese castle.

Japan has 12 original main castle keeps constructed during the feudal time period. Among them, Himeji Castle may be the best example of typical Japanese castle architecture. Three small keeps surround the main keep, and many of the original gates, turrets and stone walls still stand. Around the castle, you can spot many defense features. As you approach the keep, you may notice that the gates get smaller in size. A number of loopholes can be found on the earthen walls, and in the castle are steep stairs, which gave its defenders an advantage when fighting from above. There are also stone drops. The castle's white appearance is due to the color of the plaster on its exterior, which helped to protect it from fire as well as contributing to the castle's beauty, and earned it the nickname of "White Heron Castle." Along the ridges of the castle are special tiles called "shachihoko," mythical creatures that act as charms to protect the structure from fire.

Please enjoy slipping back in time to the feudal period with a visit to Himeji Castle.

Chapter 4 関西近郊

語句

☐ main castle keep 天守閣 ☐ typical 典型的な ☐ small keep 小天守 ☐ turret 櫓
☐ stone wall 石垣 ☐ spot 〜に気づく ☐ loophole 狭間 ☐ earthen wall 土塀
☐ steep 急な ☐ stone drop 石落とし ☐ plaster しっくい ☐ white heron 白鷺
☐ ridge 屋根の棟 ☐ mythical creature 想像上の生物 ☐ charm お守り
☐ slip back in time タイムスリップする

File 75. 伊勢神宮

常に建て替えられてきた神社

伊勢神宮は2000年以上前に創建された神社です。2つの正宮から成り、内宮（ないくう）は天照大御神（あまてらすおおみかみ）という太陽の女神を祭り、外宮（げくう）は豊受大御神（とようけのおおみかみ）という衣食住の女神を祭っています。天照御大神は、天皇家の祖先とされている神様です。この神社は20年に一度、建て替えられます。それは、神様の居場所を常に新しくきれいに保つためです。この建て替えの儀式（式年遷宮）は1300年以上も続いているのです！ 役目を終えた本殿の木材は、伊勢神宮の中の他の施設の建て替えに利用されるので、決して無駄にはなりません。また、20年に一度、建て替えを行うことによって、古来の建造技術を次の世代に引き継いでいくことができます。

伊勢神宮の長い歴史に思いをはせながら参道を歩いていると、その神聖さを感じるでしょう。

説明のポイント

伊勢神宮は日本最古の神社の1つと言われ、天皇家とも関わりの深い特別な神社です。式年遷宮について話すと、その意義について聞かれることが多いので、上記のような説明ができるようきちんと理解しておきましょう。

次回の式年遷宮は、2033年です。これに合わせて数々の行事が行われるので、時期が近づいたらこまめにチェックしましょう。

· · · · · File 75. Ise Jingu

Ise Jingu is a Shinto shrine that is continually being rebuilt.

Ise Jingu is a Shinto shrine that was founded more than 2,000 years ago. It consists of two main shrines: Naiku enshrines Amaterasu-Omikami, the goddess of the sun, and Geku enshrines Toyoukeno-Omikami, the goddess of clothing, food and shelter. Amaterasu is regarded as the ancestor of the imperial family. This shrine is reconstructed every 20 years in order to always keep the sacred residence new and clean. This ceremonial rebuilding has continued for more than 1,300 years! The wood from the main shrines is used to reconstruct other facilities there, so nothing is wasted. Also, by doing this every 20 years, the ancient construction techniques can be carried over to the next generation.

Remembering the shrine's long history, you are sure to feel a sense of its holiness as you walk along the approach.

Chapter 4 関西近郊

語句

☐ found 創建する ☐ enshrine 祭る ☐ reconstruct 再建する ☐ sacred 神聖な
☐ waste 無駄にする ☐ carry over 引き継ぐ ☐ generation 世代 ☐ holiness 神聖さ
☐ approach 参道

File 76. 高野山

山の上のテンプルタウン

高野山は古来の仏教の聖地です。9世紀に弘法大師が開いたもので、標高1000メートルの高地にあり、8つの峰に囲まれています。仏教の象徴である蓮の花の中心のような場所です。弘法大師は中国で密教を学び、日本で真言宗という宗派を創設しました。密教は、さまざまな法具や火を用い、信者はお経を唱えたり瞑想したりして、生きながらにして悟りに到達すること（即身成仏すること）を目指しています。高野山には、金剛峯寺という真言宗の本部のほかに、100軒以上のお寺があります。人口約2500人のうち、約800人が僧侶です。まさに日本一の仏教の町ということができるでしょう。約半数のお寺では宿坊を提供しているので、宿泊することができ、作り立ての精進料理や瞑想体験、護摩行参加など僧侶の生活を少し体験することができます。

説明のポイント

高野山は、100軒以上の寺があり、人口の約3分の1が僧侶であるという、日本の中でも独特な場所であることを紹介しましょう。寺の宿坊の中には瞑想や、炎の前でお経を唱える護摩行を体験できるところもあります。他ではなかなかできない体験なので、お客様と宿泊する機会があれば、ぜひ参加をお勧めしましょう。私のお客様からは、「瞑想では精神を集中することの気持ち良さを体験できた」（アメリカ人）、「護摩行はとても神秘的で感動した」（ドイツ人）という感想をいただいています。

····· File 76. Koyasan

Koyasan is a temple town on a mountain.

Koyasan is an ancient Buddhist sanctuary. Established in the ninth century by a monk named Kobo Daishi, the town lies about 1,000 meters above sea level and is surrounded by eight peaks. It looks similar to the center of a lotus flower — a symbol of Buddhism. Kobo Daishi studied esoteric Buddhism in China and then founded the Shingon sect in Japan. Esoteric Buddhism makes use of fire as well as a lot of sacred tools, and its followers aim to achieve enlightenment during life by chanting Buddhist sutras and meditating. Along with Kongobuji Temple, the headquarters of the Shingon sect, the area boasts more than 100 temples. Of a population of about 2,500, around 800 are monks, so you could say Koyasan is Japan's No. 1 Buddhist town.

Half of the temples offer accommodation, so you can stay overnight and experience a bit of the monastic life, including a fresh vegetarian dinner, some meditation and a fire ritual.

Chapter 4

関西近郊

語句

☐ sanctuary 聖地　☐ establish 〜を創造する　☐ 〜 meters above sea level 海抜〜メートル
☐ esoteric Buddhism 密教　☐ sect 派　☐ achieve enlightenment 悟りを開く
☐ chant 〜を唱える　☐ sutra お経　☐ headquarters 本部　☐ accommodation 宿泊施設
☐ monastic 僧侶の　☐ fire ritual 護摩行

File 77. 熊野古道 ・・・・・・・・・・・・・・・・・・・・・

世界文化遺産に登録された参詣道

熊野古道は紀伊山地にある参詣道です。総距離は約1000キロメートルと言われており、熊野三山、すなわち本宮、速玉、那智の3つの神社を中心に放射状に延びています。途中には王子と呼ばれる付随する神社が点在し、人々は拝みながら目的地を目指しました。険しい山道でしたが、かつては皇族から庶民まで多くの参拝者が通ったため、その行列は「蟻の熊野詣」と言われていました。そのため、途中には多くの宿泊施設や茶屋がありました。

現在は新しい道路が整備されたため古道を歩く人は減り、ほとんどの茶屋が廃業してしまいました。その分、現在は静かで神聖な雰囲気を感じながら歩くことができます。途中には民宿や温泉もあるので、昔の人々のように宿泊しながら参詣道を歩けますよ。

説明のポイント

熊野古道は最近、外国人観光客にも人気で、歩いている人の多くが外国人です。中辺路ルートが人気ですが、宿泊しながら数日に渡って歩くこともできるし、本宮や那智大社の近くの参詣道を一部だけ歩くこともできます。もし歩きたいという方がいたら、相手の興味に合わせてコースを提案するとよいでしょう。ただし、急な上り下りの多い山道なので、登山するくらいの心構えが必要です。

那智大社の近くには、高さ133メートルと日本一の高さを誇る迫力のある滝があります。また、途中の川湯温泉は、川床から温泉が湧き出し、川沿いの露天風呂に水着で入浴することもできます。裸で入浴することに抵抗のある方にも人気です。

File *77.* Kumano Kodo

The Kumano Kodo are pilgrimage routes registered as World Cultural Heritage.

The Kumano Kodo are pilgrimage routes in the Kii Mountains. Said to have covered a total distance of around 1,000 kilometers, the routes radiated from the Three Grand Shrines of Kumano: Hongu, Hayatama and Nachi. Dotted along the way were subsidiary shrines called "oji," where people worshipped while heading toward their destinations. Although the mountain paths were steep, so many people, from imperial family members to commoners, once passed along the routes that the processions used to be called "Kumano ant pilgrimages". Thus, there also used to be a large number of accommodations and teahouses on the way.

Nowadays, on account of new roads having been constructed, the number of people walking along the old routes has decreased, and most of the teahouses have closed. For that reason, you can now feel the quiet, sacred atmosphere as you walk. As there are private homes offering accommodations and hot springs on the way, you can walk the routes while staying in lodgings like the people did in the olden days.

Chapter 4

関西近郊

語句

☐ pilgrimage route 参詣道 ☐ World Cultural Heritage 世界文化遺産
☐ radiate 放射状に広がる ☐ dot 点在する ☐ subsidiary 付随する ☐ commoner 庶民
☐ procession 行列 ☐ accommodation 宿泊施設 ☐ on account of ～ ～の理由で
☐ lodging 宿屋 ☐ olden 昔の

File 78.　知床 ·········

ヒグマがすむ手つかずの自然が残る半島

知床は北海道にある細長い半島です。半島のオホーツク海側の岸には、冬になると、多くのプランクトンを含んだ流氷が漂着します。そのプランクトンを魚が食べ、その魚を鳥や動物たちが食べます。食物連鎖と言われるのも納得ですね。知床半島は自然の宝庫と言われています。サケは生まれた川に戻ってきますが、それを待ちかまえているのが、ヒグマ、ニホンカモシカ、キタキツネ、アザラシなどの動物です。

野生のヒグマを近くで観察することはできませんが、ネイチャーガイドとともに遊歩道から素晴らしい景色を見たり鳥類を観察したりすることができます。また、遊覧船からは比較的高い確率で海岸沿いにヒグマを観察できます。冬には砕氷船のクルーズも楽しめますよ。

説明のポイント

知床が自然の宝庫となっている理由は、流氷とともに流れてくるプランクトンを発端とする食物連鎖にあることを押さえておきましょう。知床を楽しむには、ネイチャーガイドが知床五湖の遊歩道を案内するガイドツアーや、半島の動物を水上から観察できる遊覧船クルーズなどがありますので、お客様の興味に合わせて案内しましょう。

·····File 78. Shiretoko

Untouched nature that is home to brown bears remains in Shiretoko.

Shiretoko is a long and narrow peninsula in Hokkaido. When winter arrives on the Sea of Okhotsk side, drift ice containing large amounts of plankton approaches the shore. Fish feed on the plankton, and birds and animals eat the fish. So it's easy to see why it is called a food chain. The Shiretoko Peninsula is referred to as a natural treasure trove. Salmon return to the rivers where they were born, and the animals waiting for them include brown bears, Japanese serows, red foxes and seals.

You cannot observe wild brown bears up close, but you can take in the great scenery and watch birds from a walking trail in the company of a nature guide. There is a relatively high probability that you will be able to see brown bears on the coast from a sightseeing boat. You can also enjoy a cruise on an icebreaker in winter.

Chapter **5**

北海道・東北

語句

☐ brown bear ヒグマ　☐ remain 残る　☐ peninsula 半島
☐ Sea of Okhotsk オホーツク海　☐ drift ice 流氷　☐ plankton プランクトン
☐ feed on ～ ～を餌にする　☐ food chain 食物連鎖　☐ natural treasure trove 自然の宝庫
☐ Japanese serow ニホンカモシカ　☐ red fox キタキツネ　☐ seal アザラシ
☐ take in ～ ～をじっと見る、～を見物する　☐ walking trail 遊歩道　☐ icebreaker 砕氷船

File 79. 阿寒湖アイヌコタン

日本にもアイヌという少数民族がいる

日本にも少数民族がわずかにいますが、一番有名なのはアイヌです。主に北海道で暮らしている先住民で、独自の文化を持っています。彼らはアイヌ語を母語とする狩猟採集民族でした。2017年の調査では、アイヌの数は約1万3000人となっていますが、多くの人は大和民族と混ざり、純粋なアイヌはごくわずかなようです。

阿寒湖アイヌコタンは36戸からなる集落で、約120人が暮らしています。昔のアイヌの暮らしを紹介するアイヌ記念館や、アイヌ古式舞踊やイオマンテの火まつりが上演されるアイヌシアターで、アイヌの文化について幅広い知識を得ることができます。また木彫りの熊など伝統工芸品も販売されています。

説明のポイント

北海道にはアイヌ民族がいて、独自の文化を継承していることを説明しましょう。また、彼らは日本の先住民であったにもかかわらず、かつては迫害や差別を受けたこと、現在は大和民族と平和に共存していることなども伝えられるといいですね。なお、日本には、アイヌ民族の他にも沖縄の琉球人、樺太のウィルタ、ニヴフという少数民族がいます。ウィルタ、ニヴフはほとんど残っていません。

阿寒湖のアイヌコタンはアイヌの生活を学べる観光名所です。ちなみにコタンとは集落（settlement、village）を表します。北海道には他にも、白老町のウポポイ、二風谷アイヌ文化博物館、サッポロピリカコタンなど、アイヌ文化について学べる施設がいくつもあります。

······ File 79. Akanko Ainu Kotan

In Japan, there is also an ethnic minority known as the Ainu.

Japan has few ethnic minorities, but the best known are the Ainu, an indigenous people with their own culture who mainly live in Hokkaido. They were a hunter-gatherer tribe who regarded the Ainu language as their mother tongue. A survey in 2017 put the number of Ainu at about 13,000, but many have mixed with the Japanese, so there seem to be very few pure Ainu.

Akanko Ainu Kotan is a village of 36 houses and about 120 residents. You can acquire broad knowledge of Ainu culture at the Ainu Living Memorial Hall, which introduces the way the Ainu used to live, and at the Ainu Theater, where they perform ancient ceremonial dances and the Iomante Fire Festival. They also sell traditional crafts, such as wooden sculptures of bears.

語句

☐ ethnic minority 少数民族　☐ indigenous 先住の　☐ hunter-gatherer tribe 狩猟採集民族
☐ mother tongue 母語　☐ survey 調査

旭山動物園 ・・・・・・・・・・・・・・・・・・・・・・・・・・

「行動展示」で来園者を魅了

旭山動物園は日本で最も有名な動物園の１つで、毎年100万人以上の入場者を集めています。人気の秘密は「行動展示」です。従来の動物園では、檻に入った動物の姿の特徴を観察するだけですが、ここでは動物の独特の行動をさまざまな角度から観察することができます。

たとえば、ペンギンはガラスのトンネルから観察でき、頭上を泳ぐ様子はまるで空を飛んでいるようです。冬にはペンギンの散歩も見ることができます。レッサーパンダは木に登ったり、吊り橋を渡る姿を見せてくれます。また、動物へのエサやりの時間も人気の行動展示です。ホッキョクグマの場合は、エサがプールに投げ込まれるので、クマが泳ぐ姿をガラス越しに見ることができます。

めったに見られない動物の行動を目の当たりにしたい方に、この動物園をお勧めします。

説明のポイント

最近は行動展示を行っている動物園も増えてきましたが、その先駆けとなったのが旭山動物園です。ご案内する機会があれば、「もぐもぐタイム」と呼ばれるエサやりの時間に合わせて見学しましょう。どの動物がいつ食事をするかは当日決定され、公式サイトや園内の掲示板で告知されます。

● 日本に生息している主な野生動物
　ヒグマ　brown bear
　ツキノワグマ　black bear
　シカ　deer
　サル　monkey
　イノシシ　boar
　日本カモシカ　Japanese serow　など

· · · · File 80. Asahiyama Zoo

Asahiyama Zoo attracts visitors with "behavior displays."

One of the most famous zoos in Japan, Asahiyama brings in more than 1 million visitors every year. The secret of its popularity is its "behavior display" method. At conventional zoos, we just observe the physical features of caged animals, but here it is possible to observe the unique behavior of animals from a variety of angles.

For example, you can observe the penguins from inside a glass tunnel, and the penguins swimming above you will look like they are flying through the sky. In the winter, you can see the penguins out walking. The red pandas can be watched as they climb a tree or cross a suspension bridge. Animal feeding times are also popular behavior displays. In the case of the polar bears, the food is thrown into the pool, and through a glass wall you can see them swimming.

I recommend this zoo if you want to witness rarely seen animal behavior.

Chapter 5

北海道・東北

語句

☐ bring in ~ ~を取り込む、~を迎え入れる　☐ display 展示　☐ conventional 従来の
☐ physical feature 身体的特徴　☐ red panda レッサーパンダ　☐ feed 餌をやる
☐ polar bear ホッキョクグマ　☐ witness 目の当たりにする　☐ rarely まれにしか~しない

File 81. 中尊寺金色堂
日本はかつて有数の金産出国だった

岩手県の静かな山奥に中尊寺はあります。お寺の境内にある金色堂は、12世紀に東北の有力な武将、藤原清衡が、自身の霊廟として建立しました。金色堂に着くと質素なコンクリートの建物があるだけですが、中に入ると突然金色のお堂が現れ、驚かされます。お堂は内外ともに金箔で装飾されています。内部の仏像も金色です。

かつて日本には多くの金山がありました。13世紀、作家のマルコ・ポーロは『東方見聞録』の中で、日本を黄金の国と紹介しているほどです。マルコ・ポーロは実際には日本には来ていませんが、この金色堂の話を聞いて、黄金の国と思ったようです。現在、日本では金はほとんど産出していませんが、輸入した金から多くの金箔が作られています。

説明のポイント

東北の山中になぜ黄金の寺院があるのか、外国人観光客には不思議に思えるでしょう。奥州藤原氏の歴史や、かつて日本は金を産出していたことなどを押さえて説明できるようにしておきましょう。

日本には他にも、世界遺産の石見銀山（島根県）をはじめ、佐渡金山（新潟県）、土肥金山（静岡県）など、見学できる金銀鉱山の跡があります。

File 81. Chuson-ji Konjikido

Japan used to be one of the leading gold-producing countries.

Chuson-ji Temple is located deep in the quiet mountains of Iwate Prefecture. The Konjikido or Golden Hall in the temple's precincts was constructed in the 12th century by the dominant samurai in the northeast, Fujiwara no Kiyohira, to serve as his own mausoleum. When you arrive at the hall, you will find just a plain concrete building, but once inside, you will be surprised by the sudden appearance of the golden hall. It is decorated with gold leaf both inside and out. The statues of Buddha inside are also gold.

There used to be many gold mines in Japan. In the 13th century, writer Marco Polo introduced Japan as a country of gold in his *Book of the Marvels of the World*. Actually he never came to Japan and seems to have thought that Japan was a country of gold after hearing about Konjikido. Nowadays, Japan produces very little gold, but a large amount of gold leaf is made from imported gold.

Chapter 5

北海道・東北

語句

☐ precincts 境内 ※通例、複数形。 ☐ dominant 有力な ☐ mausoleum 墓、霊廟
☐ gold leaf 金箔 ☐ gold mine 金山

File 82. 秋田犬

地元産の犬で有名

Googleで「Akita」と画像検索すると、犬の写真ばかりが表示されます。これが秋田犬で、外国の人にも有名な犬なのです。秋田犬は国の天然記念物にも指定されている大型犬です。飼い主に忠実で、番犬や猟犬として利用されています。秋田犬の中でも一番有名なのは「忠犬ハチ公」でしょう。飼い主が亡くなってからも、東京の渋谷駅に10年間通い続けた犬です。この話はハリウッド映画にもなったので、日本以外の国の人にもその存在はかなり知られています。また、秋田犬は有名人にプレゼントされることもあります。アメリカ人の活動家で作家の故ヘレン・ケラーや、ロシアのウラジーミル・プーチン大統領、フィギュアスケートのアリーナ・ザギトワ選手にも贈られました。

秋田県内には展示施設が各地にあり、秋田犬が見られますよ。

説明のポイント

お客様から「日本人はペットを飼わないの？」と聞かれることがあります。犬を散歩させている人にあまり出会わないからです。確かに欧米と比べると犬を飼っている家庭の数は少ないですし、また住宅事情や嗜好の問題で、室内飼いができる小型犬を飼っている人が多いため、町中で見かけることが少ないのでしょう。

日本犬には、秋田犬、甲斐犬、紀州犬、柴犬、四国犬、北海道犬の6種があり、それぞれ天然記念物に指定されています。日本犬は三角の立ち耳、くるりと巻いた尾などに特徴があります。

また、秋田には、田沢湖、角館武家屋敷、竿灯まつりなど、魅力的な観光資源もたくさんあります。

·····File 82. Akita Dog

Akita has become famous for its local breed of dog.

If you do an "Akita" image search on Google, you will only find photos of dogs. These are Akita dogs, which have become famous even to people outside Japan. A large breed of dog, the Akita has been designated as a national natural treasure. Loyal to their owners, Akita dogs are used as watchdogs and for hunting. The most famous Akita dog has to be "Loyal Dog Hachiko," a dog that continued to come to Shibuya Station in Tokyo for 10 years after his owner had passed away. As the story was made into a Hollywood movie, many people outside Japan know about him. Akita dogs have been presented as gifts to celebrities, including the late American activist and writer Helen Keller, the Russian President Vladimir Putin and the figure skater Alina Zagitova.

There are exhibition facilities in various locations in Akita prefecture where you can see Akita dogs.

Chapter **5**

北海道・東北

語句

☐ breed 品種 ☐ designate 〜を指定する ☐ national natural treasure 国の天然記念物
☐ loyal 忠実な ☐ watchdog 番犬 ☐ pass away 亡くなる ☐ celebrity 有名人
☐ late 故 ☐ activist 活動家 ☐ figure skater フィギュアスケート選手
☐ exhibition facility 展示施設

File 83. 松島

海に浮かぶ日本三景の1つ

宮城県の松島は日本三景の1つに数えられています。松島湾には約260の島があり、独特の海景をつくりだしています。島の上には松の木々が生えていることから、松島と呼ばれるようになったと言われています。湾は大昔には陸地でしたが、その後海面が上昇しました。その際、川によって侵食されなかった高台だけが残り、現在の島々を形成しました。さらに波による侵食が加わって島がさまざまな形になり、その形から双子島、かえる島などの名前が付けられるようになりました。

松島の景色を楽しむには、1つは高台の展望台から見る方法があります。そこからは多くの島の絶景を眼下に見下ろせます。また、遊覧船に乗れば、迫力のある島々の景色を近くから楽しむことができます。

説明のポイント

松島は2011年東日本大震災で被災しましたが、今ではそれがうそだったかのように、島々はもちろんのこと港や海岸もきれいになっていますので、安心してお客様を案内しましょう。地形形成の歴史や松島の名前の由来には諸説ありますので、興味のある方には調べて紹介してあげましょう。

日本三景のあとの2つは、広島の宮島（File.90）と京都の天橋立（File.67）です。

File 83. Matsushima

One of Japan's Three Most Famous Views that appear to float on the sea.

Matsushima in Miyagi Prefecture is ranked as one of Japan's Three Most Famous Views. About 260 islands in Matsushima Bay create a unique seascape. As pine trees grow on the islands, it is said that the area came to be called Matsushima or Pine Island. In ancient times, what is now the bay was dry land, but then the sea level rose. At that time, only the high ground that had not been eroded by rivers remained and formed the islands that exist today. The added effects of wave erosion resulted in the islands being given names to match their various shapes, such as Twin Islets and Frog Island.

One way to appreciate the Matsushima scenery is from the observation deck on a hill, from which you can look down on an amazing view of the many islands. You can also appreciate the dynamic view of the islands closely by boarding a sightseeing boat.

Chapter 5

北海道・東北

語句

☐ seascape 海景 ☐ pine tree 松 ☐ sea level 海面 ☐ erode 侵食する ☐ erosion 侵食
☐ result in ～（結果的に）～となる ☐ islet 小島 ☐ appreciate 観賞する
☐ observation deck 展望台

File 84. 佐渡島

トキを蘇らせることに成功

日本のトキは学名をニッポニア・ニッポンと言い、まさに日本を象徴する名前を持った鳥です。ピンクがかった羽と、長いくちばしを持つ、美しい鳥です。残念ながら、日本の野生のトキは、食用や羽毛を取るための乱獲、農薬の使用による餌となる獲物の減少という2つの理由から、絶滅してしまいました。しかし、中国からつがいのトキが贈られ、佐渡トキ保護センターで、1999年に人工孵化に成功しました。その後、センターではトキの人工繁殖プログラムが続けられ、2019年までに300羽以上が放鳥されています。

佐渡では「トキと暮らす郷づくり」の一環として、農業の無農薬化を推進し、冬でも田んぼに水を張るなど、生物が住める環境づくりに努めています。トキに優しい環境づくりは、人間に優しい環境をもつくるのです。

説明のポイント

佐渡ではトキが有名ですが、その背景にある野生のトキの絶滅と人工繁殖、それを支える環境改善への取り組みなどは外国人観光客にも興味を持ってもらいやすいポイントです。トキの森公園では、実際にトキを見られたり、トキの生態について学んだりできるので、案内するとよいでしょう。

佐渡には、他にも佐渡金山遺跡、宿根木の古い町並み、たらい舟乗船体験など、魅力的な観光資源がたくさんあります。

File 84. Sado Island

On Sado Island, they succeeded in bringing back the crested ibis.

The scientific name of the Japanese crested ibis is Nipponia nippon, so this is truly a bird with a name that symbolizes Japan. A beautiful bird with pinkish feathers and a long bill, the Japanese crested ibis unfortunately became extinct in the wild for two reasons: overhunting for its meat and feathers and a decrease in its prey due to the use of agrochemicals. China, however, presented Japan with a pair of crested ibis, and, in 1999, the Sado Japanese Crested Ibis Conservation Center achieved success with its artificial incubation project. The Center has continued with its artificial breeding program, and by 2019, more than 300 crested ibis had been released into the wild.

As part of its efforts to remain a community that lives in harmony with the crested ibis, Sado encourages chemical-free agriculture and works to create environments that support living things, for example, by filling rice paddies with water even in winter. Creating a crested ibis-friendly environment also creates a human-friendly environment.

Chapter **6**

甲信越・北陸・東海

語句
- succeed in ~ ~に成功する   crested ibis トキ   scientific name 学名
- symbolize 象徴する   bill くちばし   become extinct 絶滅する   overhunting 乱獲
- prey 獲物   agrochemical 農薬   artificial incubation 人工孵化
- artificial breeding 人工繁殖   release ~を放つ   environment 環境
- rice paddy 水田

File 85.　金沢

前田家の知恵で芸術都市に発展

石川県の金沢には、金箔、陶磁器、漆器、着物などさまざまな美術品や手工芸品があります。また、日本三大庭園に数えられる素晴らしい庭園、兼六園もあります。金沢で芸術が花開いたのは、16世紀後半にこの地に移り住み、江戸時代の終わりまで大名を務めた前田家によるところが大きいでしょう。前田家が治めた加賀藩は、徳川将軍家に次いで2番目に大きな領土を持っていました。そのため、徳川将軍も前田家の動向を注視していました。前田家は賢く、芸術の振興に力を注ぎ、軍備の増強などに興味はないといった素振りを見せていました。こうして、数多くの素晴らしい美術工芸品が発展したのです。

金箔を使用した手工芸品の制作ができる場所もあるので、ぜひ体験してみてください。

説明のポイント

金沢には美術工芸品が多いですが、その理由を歴史と絡めて上記のように説明すると納得してもらえます。特に金箔は有名で、日本で生産される金箔の99%が金沢産と言われています。金箔を丸ごと載せたソフトクリームは外国人観光客にも大人気で、写真に撮っている人をたくさん見かけます。

北陸新幹線の開通で東京から金沢へのアクセスはとても便利になりました。他にも金沢城公園、武家屋敷地区、東茶屋街（花街）、近江町市場、妙立寺（忍者寺）など、魅力的な観光スポットがたくさんありますので、時間が許すならば宿泊してゆっくり楽しみたい町です。

······ File 85. Kanazawa

Kanazawa developed into a city of the arts through the wisdom of the Maeda family.

There are various kinds of fine arts and handicrafts in Kanazawa, Ishikawa prefecture, including gold leaf, ceramics, lacquerware and kimonos. There is also the wonderful Kenrokuen, which is regarded as one of the three most beautiful landscape gardens in Japan. The flourishing of the arts in Kanazawa is mainly thanks to the Maeda family that moved here in the late 16th century and served as its feudal lords until the end of the Edo period. The Kaga domain ruled by the Maeda family was the second largest territory next to that of the Tokugawa Shogun family. For that reason, the Tokugawa shoguns kept a close watch on the Maeda family's moves. Wisely, the Maeda family devoted its energies to the promotion of the arts and pretended to have no interest in strengthening its military. In this manner, a lot of wonderful art crafts were developed.

There are also workshops where you can experience using gold leaf to make handicraft items, so please be sure to give them a try.

Chapter 6

甲信越・北陸・東海

語句

☐ fine art 美術品 ☐ gold leaf 金箔 ☐ lacquerware 漆器 ☐ flourish 花開く
☐ domain 藩 ☐ devote one's energies to ~ ～に全力を注ぐ
☐ pretend ～であるふりをする ☐ strengthen ～を強化する ☐ in this manner こうして

File 86. 白川郷

茅葺屋根が豪雪から家を守る

岐阜県の白川郷には、伝統的な茅葺屋根の民家が100軒以上も残っており、素晴らしい風景をつくりだしています。この地域は豪雪地帯のため、屋根が急勾配になっていて、屋根に雪が積もりその重さで家が倒壊するのを防ぎます。この建築様式は「合掌造り」と呼ばれており、それは「祈るときの手のような造り」という意味です。屋根が拝むときの両手をあわせる形に似ているからです。屋根の材料は主にススキで、中に空気を溜め、冬でも家の中を温かく保ちます。また、雨水を通しにくいという長所もあります。多くの家が2～3階建てで、1階は住居として使われていました。2階と3階は、かつては仕事場として、特に絹を作るために使われていました。この地域ではかつて蚕を飼い、絹糸を生産していたのです。

中を公開している民家もありますので、入ってみませんか。

説明のポイント

白川郷は伝統的な民家が数多く建ち並び、日本的な風景が見られるので、外国人観光客にも人気があります。屋根が急勾配なのは、厳しい自然環境の中で暮らしていく人々の知恵だということを説明するのがポイントです。家の中にはいろりがあり、煙やすすが天井まで行きわたるような造りになっています。これは家を乾燥させたり害虫を駆除したりするためで、木材や茅を長持ちさせる工夫です。

高台にある城山展望台は、集落全体を見渡すことができる絶好のスポットです。

File 86. Shirakawago

In the village of Shirakawago, the steep thatched roofs protect the houses from heavy snow.

The more than 100 traditional, thatched-roof folk houses that remain in Shirakawago, Gifu prefecture, make a wonderful sight. As it snows heavily in this region, their very steep roofs prevent the snow from accumulating and the houses from collapsing under the weight. The architectural style is called "gassho-zukuri," meaning "construction like hands in prayer," because the roofs resemble two hands pressed together in worship. The main material used for the roofs is pampas grass, which traps the air and keeps the insides of the houses warm even in winter. Another good point is that it prevents rainwater from getting in. Many of the houses have two or three floors, the first floor being a residence. The second and third floors were once used as workplaces, particularly for silk production. They used to keep silkworms and produce silk thread in this region.

Some of these folk houses are open to the public, so why not go in?

Chapter 6

甲信越・北陸・東海

語句

☐ thatched roof 茅葺屋根　☐ folk house 民家　☐ remain 残る　☐ accumulate 積もる
☐ collapse 倒壊する　☐ pampas grass ススキ　☐ workplace 仕事場　☐ silkworm 蚕
☐ (be) open to the public 一般公開する

File 87. 妻籠・馬籠

古い町並みが保存された旧中山道の宿場町

約400年前に、幕府が置かれたかつての東京である江戸と地方をつなぐ街道が整備されました。江戸と京都の間は行き来も多く、東海道と中山道の2つの街道がつくられました。東海道のほうが短距離ですが、洪水で川を渡れなくなることもありました。中山道には山が多いですが、雪の季節以外は快適に通れました。江戸から京都は526キロメートルあり、69の宿場町がつくられました。つまり、約8キロメートルおきに1つです。中山道の道や宿場町の多くは開発で消えてしまいましたが、長野県の妻籠と岐阜県の馬籠は山奥にあり、また地元の人たちの町並みを保存しようという意識により、きれいに保存されています。

ここでは、江戸時代にタイムスリップしたかのような気分を味わえます。この2つの町の間には、かつての街道が残っていますので、ハイキングをするのもお勧めです。

説明のポイント

中山道の中でも長野県と岐阜県の木曽路部分は街道や宿場町がよく保存されていますが、特に妻籠と馬籠の間はハイキングも楽しめるので、外国人観光客にも人気です。

江戸時代、全国に250人ほどいた大名は、参勤交代制度で2年に1回、江戸に行かなければなりませんでした。そのため、地方と江戸を結ぶ街道や宿場町の役割は重要でした。大勢の大名やその家臣が行き来したかつての宿場町はさぞかしにぎわったことでしょう。このように参勤交代の歴史を交えて説明すればお客様に興味を持って聞いてもらえるでしょう。

File 87. Tsumago and Magome

Tsumago and Magome are well-preserved post towns on the old Nakasendo route.

About 400 years ago, roads were constructed to connect the seat of feudal government in Edo, the former Tokyo, with the provinces. There were many people traveling back and forth between Edo and Kyoto, so two routes were made, the Tokaido and the Nakasendo. The Tokaido route was shorter, but sometimes it was impossible to cross rivers due to floods. There were many mountains on the Nakasendo route, but these could be passed through comfortably in all but the snowy seasons. The distance between Edo and Kyoto was 526 kilometers, and 69 post towns were built in between. In other words, there was one post town every 8 kilometers or so. Although most of the Nakasendo route and many of the post towns have disappeared due to development, Tsumago in Nagano prefecture and Magome in Gifu prefecture have been well-preserved, as they are in the mountains and because of the local residents' awareness of the need to preserve the towns' streets.

Here, you will feel as if you have been transported back in time to the Edo period. As part of the route between these two towns has been preserved, I recommend you go on a hike.

甲信越・北陸・東海

Chapter 6

語句
□ well-preserved よく保存された　□ post town 宿場町　□ feudal government 幕府
□ province 地方　□ back and forth 行き来する　□ in all but ～ ～を除いたすべてにおいて
□ awareness 意識　□ be transported back in time to ～ ～にタイムスリップする
□ go on a hike ハイキングする

File 88.　地獄谷野猿公苑

温泉に入る猿が見られる

地獄谷野猿公苑は長野県の山奥にあります。ここは動物園ではなく、野生の猿がやって来る所です。猿はニホンザルですが、雪を頭に被って温泉に入る姿から、スノーモンキーと呼ばれています。

開苑のきっかけは次の通りです。森林が伐採されて餌を探すのが難しくなった猿がリンゴ畑を荒らすようになったので、駆除されそうになりました。それに反対した初代の苑長が、人間と猿の共生を目指して公苑を造ったのです。公苑で餌がもらえるようになったため、猿がリンゴ畑に降りてくることはなくなりました。そしてある日、集まってきた猿が、近くの人間用の露天風呂に入るようになりました。これは衛生上よくないことから、猿用の露天風呂を造ったのです。この温泉は猿専用ですので、一緒に入ってはだめですよ。

説明のポイント

スノーモンキーは、アメリカの雑誌『LIFE』で紹介されたり、長野オリンピックの際に海外のテレビで放映されたりしたことで、世界の人の知るところとなりました。ただし、猿は冬以外はほとんど温泉に入らないし、秋には山に餌となる木の実が豊富にあるため公苑に来ないこともあるので、お客様をがっかりさせないように、事前に状況を伝えておきましょう。温泉に入る猿は主にメスと子どもです。オスはいざという時に群を守る必要があるし、また、濡れて身体が小さく見えるのを嫌うため、あまり入浴しないとも言われています。

· · · · · File 88. Jigokudani Monkey Park

You can see wild monkeys bathing in a hot spring at Jigokudani Monkey Park.

Jigokudani Monkey Park is located deep in the mountains of Nagano prefecture. Not a zoo, this is a place where wild monkeys come. The monkeys are Japanese macaques, but because they sit in the park's hot spring with snow on their heads, they have been nicknamed snow monkeys.

The reason for opening the park was this. As their forest was being logged, monkeys that had been experiencing difficulties in finding food had devastated apple orchards and were about to be exterminated. The first park director, who opposed the plan, created the facility with the aim of having humans and monkeys live together. As they could now obtain food at the park, the monkeys no longer came down to the apple orchards. Then, one day, the monkeys that had gathered started to get into a nearby open-air bath intended for humans. As this was bad for hygiene, an open-air bath was made just for the monkeys. As this hot spring is for the exclusive use of the monkeys, you cannot bathe with them.

Chapter 6

甲信越・北陸・東海

語句

☐ deep in the mountains 山奥 ☐ Japanese macaque ニホンザル ☐ log 伐採する
☐ devastate ~を荒らす ☐ orchard 果樹園 ☐ (be) about to ~ まさに~するところだ
☐ exterminate ~を駆除する ☐ open-air bath 露天風呂 ☐ intended 意図された
☐ hygiene 衛生的 ☐ exclusive use 専用

Chapter 7　中国・四国

File 89.　広島平和記念公園
平和を願って年間1千万羽の折鶴が奉納される

1945年、世界で初めて原子爆弾が広島に投下されました。そして原爆による爆風、熱線、放射能が原因で、約14万人の命が奪われました。

原爆ドームは、このような悲劇を二度と起こさないように保存され、周囲は平和記念公園として整備されています。公園の中にはさまざまな記念碑が建てられており、原爆死没者慰霊碑がその中心にあります。アーチ型の屋根の下の石室の中には、原爆による犠牲者全員の名簿が納められています。

原爆の子の像は、その命を奪うことになった白血病と闘うために鶴を折ったことで知られる佐々木禎子さんら、子どもの犠牲者たちの慰霊碑です。亡くなった子どもたちの慰霊のため、今日訪れる多くの人たちが折鶴を奉納しています。鶴は長寿の象徴でもありますが、ここでは平和の象徴として奉納されています。その数は年間約1千万羽にも上ります。

説明のポイント

広島平和記念公園は、二度と戦争の悲劇を起こさず、平和を訴えるために整備された施設です。言葉だけで説明するよりも、原爆ドームで被爆の事実を実感してもらい、平和記念資料館で原爆の歴史や人的・物的被害について学んでもらうとよいでしょう。

····File 89. **Hiroshima Peace Memorial Park**

Every year, 10 million folded paper cranes are offered at the Hiroshima Peace Memorial Park in the hope for peace.

In 1945, the first-ever atomic bomb was dropped on Hiroshima. About 140,000 people lost their lives as a result of the bomb blast and heat rays or the radiation caused by the bomb.

The Atomic Bomb Dome was preserved in the hope of preventing such a tragedy from ever happening again and the surrounding area is now maintained as the Peace Memorial Park. Of the many monuments that have been erected in the park, the Cenotaph for the Atomic Bomb Victims is central. It is here that a list of all the names of the atomic-bomb victims is kept inside a stone box under the vault.

The Children's Peace Monument serves as a memorial to the child victims, including Sadako Sasaki, who famously folded paper cranes to fight the leukemia that ended up killing her. Many visitors today make offerings of folded paper cranes to comfort the spirits of the deceased children. Although the crane is a symbol of longevity, here they are offered as a symbol of peace. About 10 million folded paper cranes are offered every year.

Chapter 7

中国・四国

語句

☐ folded paper crane 折鶴　☐ first-ever 史上初の　☐ bomb blast 爆風　☐ heat ray 熱線
☐ radiation 放射能　☐ preserve 保存する　☐ tragedy 悲劇　☐ cenotaph 慰霊碑
☐ atomic-bomb 原子爆弾の　☐ vault アーチ型の屋根　☐ leukemia 白血病
☐ comfort the spirits 霊を慰める　☐ deceased 死亡した　☐ longevity 長寿

File 90. 宮島 ・・・・・・・・・・・・・・・・・・

神聖な島ゆえに、神社は海上に建てられた

厳島神社は宮島の沿岸に建てられています。満潮時には神社も鳥居も海上に浮かんでいるように見え、素晴らしい景観です。古くから島全体が神様とされていましたが、今の神社の形を造ったのは12世紀の武将、平清盛です。彼は海上貿易を行っていたため、船が無事に航海から戻ることを祈るために神社を建てました。

海上に建てられた理由は、神聖な島の上に建物を建設するのは恐れ多いと考えたからだと言われています。同じ理由で、この島では土地を傷つけるので農業は禁止され、お墓を掘ることもできません。鳥居も地面に突き刺さっているわけではなく、自重で立っています。満潮時には海に浮かんで見えますが、干潮時には鳥居まで歩いて行けますよ。

説明のポイント ────────────

海に浮かぶような厳島神社は何も説明しなくても美しい風景ですが、上記のような理由を説明すると、より興味深く見てもらえます。また、大潮の満潮時には海水が床上まで来ることがありますが、床が壊れないように隙間が空けてあるなど、建築上の工夫も紹介してあげましょう。

高さ535メートルの弥山からの景色も素晴らしいです。ロープウェーと徒歩で山頂まで行くことができます。途中には弘法大師ゆかりの寺もあり、自然と歴史の両方が楽しめます。

宮島ではシカが神聖な動物と見なされていますが、奈良公園のシカのように餌付けはできません。

File 90. Miyajima

As Miyajima is a sacred island, the shrine was constructed in the sea.

Itsukushima Shrine was built just off the shore of the island of Miyajima. It makes a wonderful sight at high tide because both the shrine and torii gate look like they are floating on the sea. The whole island has been regarded as a god since ancient times, but the present form of the shrine was created by Taira no Kiyomori, a 12th century warlord. As he engaged in maritime trade, he built the shrine to pray for the safe return of ships from voyages.

It is said that the reason he built the shrine offshore was because he was very fearful about constructing a building on a sacred island. For the same reason, agriculture that would damage the ground is banned on the island, and so is digging graves. Even the *torii* gate does not pierce the ground but can stand because of its weight. Although you can see the *torii* gate seemingly floating on the sea at high tide, you can walk out to it at low tide.

語句

☐ off the shore 少し沖に、沿岸に　☐ high tide 満潮　☐ warlord 武将
☐ engage in ～ ～に携わる　☐ maritime trade 海上貿易　☐ offshore 海上に
☐ fearful 恐れる　☐ dig 掘る　☐ pierce 突き刺す　☐ seemingly 見たところ
☐ low tide 干潮

File 91. 松江城

城主が、生けにえとなった娘の幽霊を魚で退治

松江城は400年前に建造されたお城です。ここは地盤が弱く工事が難航したため、古い慣習に従い若い娘が生けにえにされました。こうして城は完成しましたが、城は呪われたようで、幽霊がすすり泣く声が毎晩聞こえるようになりました。呪いは城主の堀尾家に降りかかり、彼らは跡継ぎを作れなかったことで大名の地位を失うことになりました。続く京極家も子どもがなく、1代で城を去りました。人々は娘の祟りだと思いました。3番目に入城した松平家は、幽霊が「この城」(this castle) をくれ、と言うのを聞きました。翌日、城主の松平直政は、日本語で「コノシロ」という名の魚を幽霊に捧げました。その後、幽霊は出なくなりました。

真偽のほどは定かではありませんが、この地方は幽霊に縁があるのかもしれません。たとえば『怪談』を書いたラフカディオ・ハーンとしても知られる作家の小泉八雲はこの地に住んでいたし、妖怪の物語『ゲゲゲの鬼太郎』の作者である漫画家の水木しげるが近くで生まれたりしています。

説明のポイント

松江城は現存する12天守の1つで、鳥が羽を広げたような外観から千鳥城とも呼ばれます。国宝にも指定されている価値のある建造物ですが、上記のような幽霊伝説はさらに興味を持って聞いてもらえるでしょう。城の防衛機能については「姫路城」の項目 (File 74.) で説明したものとほぼ同様ですので、合わせてご参照ください。
松江市やその近郊には、宍道湖、足立美術館、月山富田城跡、出雲大社、境港の水木しげるロードなどの観光スポットがあります。

194

· · · · · File 91. Matsue Castle

The lord of Matsue Castle got rid of the ghost of a sacrificed young girl with a fish.

Matsue Castle was constructed 400 years ago. As the ground was soft, the construction work was slow and difficult, so in accordance with ancient custom, a young girl was sacrificed. The castle was thus completed, but it seemed cursed, with a ghost sobbing every night. The curse fell on the castle-owning Horio family, whose failure to produce an heir meant they lost their position as feudal lords. The succeeding Kyogoku family also could not have a child and thus left the castle after only one generation. People thought the castle had been cursed by the young girl. The castle's third residents, the Matsudaira family, heard a ghost demanding "kono shiro", meaning "this castle." The following day, the lord, Naomasa Matsudaira, offered the ghost a gizzard shad, a fish whose name is "konoshiro" in Japanese. After this, the ghost stopped appearing.

It is not certain that this is a true story, but this area may well have connections with ghosts. For example, Yakumo Koizumi, the author also known as Lafcadio Hearn, who wrote Kwaidan: Stories and Studies of Strange Things, lived here, and the cartoonist Shigeru Mizuki, who created the spirit-monster story *GeGeGe no Kitaro*, was born nearby.

Chapter 7

中国・四国

> **語句**
> ☐ get rid of 〜 〜を退治する　☐ sacrifice 〜を生けにえにする
> ☐ in accordance with 〜 〜にしたがって　☐ curse 呪う　☐ sob すすり泣く
> ☐ heir 跡継ぎ　☐ gizzard shad コノシロ　☐ cartoonist 漫画家　☐ spirit-monster 妖怪

File 92. 道後温泉

日本最古の温泉と言われる

道後では昔、一羽の白サギがわき出た湯で傷を癒している姿を見て、人々が温泉に入り始めたと言われています。道後温泉は8世紀の歴史書にも登場するため、この国最古の温泉とみなされています。その後、歴代の天皇や皇族も訪れ、道後は全国的に有名な温泉地となりました。19世紀末には、風情ある木造の公衆浴場が建てられました。そこにある皇室専用に増築された浴室の内部は見学できるようになっています。このような浴室は日本でもここだけです。

公衆浴場の周囲にはたくさんのホテルが建ち並んでいます。面白いのは、各ホテルにも温泉があるのに、特にこの公衆浴場に入りに来る人が多いことです。そしてホテルもそれを奨励しています。そのため、夜でも散策する人が多く、近くの商店街も遅くまでにぎわっています。

説明のポイント

日本最古の温泉地がどこであるかについては諸説ありますが、道後には古い木造の道後温泉本館があるため、有名になっています。アニメーターの宮崎駿は、この建物を見て『千と千尋の神隠し』の舞台を描いたと言われています。また、道後温泉のある愛媛県松山市は、文学の町としても知られています。俳人・正岡子規の出身地であり、夏目漱石が教師として赴任し、この地を舞台に小説『坊っちゃん』を書いたことでも有名です。

File 92. Dogo Onsen

Dogo Onsen is said to be the oldest hot spring in Japan.

It is said that people started to bathe at Dogo a long time ago, after an injured white egret was seen healing its wounds in the gushing hot water. Appearing in eighth-century historical writings, Dogo Onsen is thus regarded as the nation's oldest hot spring. Following visits by successive emperors and imperial family members, Dogo became a famous hot spring area. In the late 19th century, an elegant wooden public hot spring building was constructed. There, visitors can inspect the interior of the additional bathroom built for the exclusive use of imperial family members, the only one of its kind in Japan.

There are many hotels in the area surrounding the public hot spring. The interesting thing is that, even though each hotel has its own hot spring, many guests specifically go to the public hot spring. The hotels even encourage them to do so. Therefore, there are many people out for a stroll even in the evening, and the nearby shopping street stays busy until late.

Chapter 7

中国・四国

語句
- [ ] hot spring 温泉 [ ] bathe 入浴する [ ] white egret 白サギ [ ] wound 傷
- [ ] gush 湧き出る [ ] successive 歴代の [ ] inspect ～を視察する、見学する
- [ ] exclusive use 専用 [ ] specifically 特に [ ] encourage to ～ ～するように奨励する
- [ ] therefore そのため [ ] stroll 散策

File 93. 鳴門の渦潮

潮の干満がつくり出す自然のショー

鳴門海峡は四国と淡路島の間にある幅1.3キロメートルの海峡です。満潮時には海水が太平洋から瀬戸内海に流れ込み、干潮時には逆に流れます。海峡の幅が狭いため、干潮時・満潮時には潮流の速さは時速15キロメートルにも達します。これは日本で一番速い潮流です。この速い潮流と、海底の地形の複雑さから渦潮が発生するのです。渦の直径は15メートルにもなります。まさに月の引力と地形が演じる自然のショーです。

渦潮を見る方法は3つあります。1つは丘の上の展望台から渦潮と周囲の美しい景観を見渡す方法です。また、大鳴門橋の下に造られた通路からは、床のガラス窓を通して渦潮を真下に見られます。3つめの方法は、遊覧船に乗ることです。間近に渦潮を見ることができますよ。

説明のポイント

鳴門の渦潮を、潮の干満と地形のメカニズムから説明しましょう。実際に見てもらうのが一番ですが、訪れる際はその日の干潮・満潮の時刻をきちんと調べて行くようにしましょう。

鳴門の渦潮は世界三大潮流に数えられます。残りの2つは、カナダのセーモア海峡とイタリアのメッシーナ海峡です。

·····File 93. Naruto Whirlpools

The Naruto whirlpools are a nature show created by tidal ebb and flow.

Located between Shikoku and Awaji Island, the Naruto Strait is 1.3 kilometers wide. Seawater flows from the Pacific Ocean into the Seto Inland Sea at high tide and in the reverse direction at low tide. Due to the narrowness of the strait, when ebbing and flowing the tidal current reaches speeds up to 15 kilometers per hour, the fastest in Japan. The whirlpools arise because of this fast current and the complex topography of the seabed. The diameters of the whirlpools can be as much as 15 meters. This natural show is precisely performed by the effects of the gravitational pull of the moon and the topography.

There are three ways to observe the whirlpools. One is to overlook them and the beautiful surrounding scenery from the observation deck located up on a hill. You can also look directly down on the whirlpools through a glass window in the floor of the walkway built under the Onaruto Bridge. The third option is to board a sightseeing boat, from which you will be able to see the whirlpools up close.

Chapter 7

中国・四国

語句

☐ whirlpool 渦 ☐ tidal ebb and flow 潮の干満 ☐ strait 海峡
☐ Seto Inland Sea 瀬戸内海 ☐ high tide 満潮 ☐ reverse 逆の ☐ low tide 干潮
☐ tidal current 潮流 ☐ arise 生じる ☐ topography 地形 ☐ seabed 海底
☐ diameter 直径 ☐ precisely まさに ☐ gravitational pull of the moon 月の引力
☐ overlook 〜を見渡す ☐ walkway 通路

File 94. 長崎

江戸時代における唯一の西洋との接点

17世紀から19世紀半ばまで、日本は鎖国をしていました。キリスト教の布教を阻止するのが主な目的でした。しかしながら、中国と、キリスト教を布教しないことを約束したオランダとは交易を続けました。幕府は長崎の出島にオランダ人を住まわせ、貿易を管理しました。日本からは金、銀、銅、のちに陶磁器を輸出していました。オランダからは東インド会社を通して砂糖や生糸などを輸入していました。

また、オランダ語の書物を通じて西洋文明も入ってきました。18世紀には日本語の医学書『解体新書』が出版されましたが、これはオランダの書物の翻訳書です。一方、ドイツ人医師であり植物学者でもあるフィリップ・フランツ・フォン・シーボルトやその他の医師により、日本文化や日本の植物がヨーロッパに紹介されました。出島は博物館として復元されたので、出島での暮らしの様子を見ることができ、オランダとの貿易の歴史をたどることができます。

説明のポイント

江戸時代、長崎は日本で唯一の西洋との接点として特別な役割を果たしました。出島は明治時代にはなくなりましたが、近年、長崎市による復元が進み、一部の建物は観光することができます。特にカピタン部屋は日本と西洋を融合させたような内装が興味深いので、ぜひご紹介したい場所です。

長崎には他にも、平和公園やグラバー園、大浦天主堂などの観光スポットがあります。

· · · · · **File 94.** Nagasaki

During the Edo period, Nagasaki was the only contact point with the West.

From the 17th century to the mid-19th century, Japan isolated itself from the outside world. The main purpose of this policy was to prevent the spread of Christianity. But Japan still continued to trade with China and also with the Netherlands, which had promised not to spread Christianity. The feudal government let the Dutch live on Dejima Island in Nagasaki and controlled the trade. Japan exported gold, silver and copper, and later, ceramics. From the Netherlands, Japan imported products that included sugar and silk thread through the Dutch East India Company.

Western civilization was also introduced through Dutch books. The Japanese medical text *Kaitai Shinsho*, *New Text on Anatomy*, a translation of a Dutch work, was published in the 18th century. On the other hand, Japanese culture and plants were introduced to Europe by the German physician and botanist Philipp Franz von Siebold and other doctors. Restored as a museum, Dejima Island shows what life was like there and traces the history of trade with the Netherlands.

語句

- [ ] contact point 接点
- [ ] isolate oneself 孤立する ※ここでは isolate itself from the outside world で「鎖国する」。
- [ ] feudal government 幕府　[ ] silk thread 生糸
- [ ] Dutch East India Company オランダ東インド会社　[ ] civilization 文明
- [ ] botanist 植物学者　[ ] restore ～を復元する　[ ] trace ～をたどる

File 95. 伊万里

世界中に輸出された磁器の町

伊万里は磁器で有名です。製造は約400年前から始まりました。製品は伊万里市と近郊の有田などで作られましたが、すべて伊万里港から出荷されていたため、総称して伊万里焼と呼ばれました。ここでは主に磁器が作られていて、それは原料となるカオリンが採れるからです。陶器に比べ、磁器は白く、硬く、指で弾いた時に金属音を発します。そこに赤や青、金色の顔料で絵付けし、高温で焼成します。この色鮮やかな磁器は17世紀半ばからオランダ東インド会社を通してヨーロッパに輸出され、西洋の人に人気となりました。

伊万里市内には今でも工房がたくさんあり、見学できるところもあります。また、市内各地に磁器で作ったモニュメントがありますので、観光で訪れても楽しい場所です。

説明のポイント

陶器と磁器の違いがわからない人もいますので、上記のような説明をするとよいでしょう。お土産に陶磁器を買っていく外国人観光客は多いですが、実際に工房を見学すると、さらにその価値を感じてもらえます。磁器の技術は、朝鮮出兵の際に豊臣秀吉が連れてきた陶工が伝えたと言われています。また、伊万里市の中でも、大川内山では高級品が作られ、天皇家や将軍に献上されました。

File 95. Imari

Imari is a porcelain town from where products are exported all over the world.

Imari is famous for its porcelain, the production of which was started about 400 years ago. The products were from Imari City and surrounding areas such as Arita, but as all of them were shipped from Imari Port, they were collectively called Imari ware. They mainly produce porcelain because they are able to mine kaolin, its raw material. Compared with earthenware, porcelain is white and hard and makes a metallic sound when flicked with your finger. The products are painted with red, blue and gold pigments and fired at high temperature. This colorful porcelain was exported to Europe from the mid-17th century through the Dutch East India Company and became popular among Western people.

There are still many workshops in Imari City, some of which can be visited. There are also many porcelain monuments in the city, so it is an interesting place to visit for sightseeing.

語句
- [ ] porcelain 磁器　[ ] surrounding area 周辺地域　[ ] collectively 集合的に
- [ ] mine 採掘する　[ ] kaolin カオリン　[ ] raw material 原料　[ ] earthenware 陶器
- [ ] flick ～を (指で) 弾く　[ ] pigment 顔料　[ ] fire ～ (陶磁器) を窯で焼く

File 96. 別府

日本最大の温泉の町

日本には各地に温泉場がありますが、その中でも圧倒的な湯量を誇るのが別府です。湧出量、源泉数ともに日本一です。高台から町を見下ろすと、いたるところから湯けむりが上がり、独特の都市景観が見られます。かつては自炊宿に長期滞在する湯治客がたくさんいました。現在では、ホテルに宿泊して気軽に温泉を楽しむことができます。観光では別府地獄巡りが有名です。水中の化学成分の違いでさまざまな湯の色になることから、「血の池地獄」や「海地獄」などと名付けられ、見学できるようになっています。温泉の産業利用も進められ、ミョウバンを採取したり、地熱を発電や農業に利用したりする研究も行われています。また、医療や美容にも活用されています。

帰国してからも温泉を楽しむために、お土産に温泉の素（湯の花）はいかがですか。

説明のポイント

別府は日本一の湯量を誇る温泉地ですが、その温泉を観光、産業、農業、医療などさまざまな分野に利用しているのが面白いポイントだと思います。ミョウバン（alum）は湯の花をはじめ食品の保存や写真の現像などさまざまな用途に使われます。

別府市の温泉湧出量は1日約13万キロリットル、源泉の数は約2200カ所です。

File 96. Beppu

Beppu is the biggest hot spring town in Japan.

There are many hot spring towns in Japan, but Beppu boasts an overwhelming amount of hot water. The town is ranked No. 1 for both the volume of water discharged and the number of sources. If you look down on the town from a hill, you can see a unique urban landscape with steam coming up from everywhere. A long time ago, there were many guests who stayed at self-catering accommodations for long periods of time to cure themselves of disease. Nowadays, you can stay at a hotel and enjoy the hot springs with ease. With regard to sightseeing, the Hells of Beppu tour is famous. You can visit hot springs that have been given names like "Blood Pond Hell" and "Sea Hell," as the color of each spring varies due to the chemical components in the water. Progress is also being made in the use of the hot springs for industry, and research conducted into collecting the alum and utilizing the geothermal heat for power generation and agriculture. The hot springs are also being used for medical treatments and beauty care.

To enjoy the hot springs even after you have returned to your home country, how about buying some hot spring powder as a souvenir?

語句

☐ boast ～を誇る ☐ overwhelming 圧倒的な ☐ discharge ～を放出する
☐ self-catering 自炊 ☐ with ease 気軽に ☐ component 成分 ☐ alum ミョウバン
☐ geothermal heat 地熱 ☐ power generation 発電 ☐ medical treatment 医療

File 97. 阿蘇山

火口から噴煙が立ち上る活火山

阿蘇山は九州の中央に位置する活火山群で、約30万年前から噴火を繰り返しています。噴火によってできたカルデラは、直径25キロメートルに及び、世界でも有数の規模です。阿蘇山は5つの峰がある中央火口丘群と外輪山から成ります。1500メートルある中岳は、最も活発に活動していて、火口からは噴煙が立ち上っています。火山活動が落ち着いている時は、ここに上って火口内をのぞくことができ、迫力のある景観が楽しめます。外輪山の大観峰は、カルデラ全体を眺望できる絶好のポイントです。

カルデラ内では約5万人が暮らし、農業や牧畜などをしています。阿蘇山では何百年も前から野焼きを行っていますが、これによって有害な虫を駆除するとともに、牛馬の餌になる草を育てます。そのおかげで、私たちは素晴らしい景色を楽しめるのです。

説明のポイント

阿蘇カルデラは世界でも有数の規模を誇るカルデラで、火口を見下ろしたり、その全景を見渡したりできるので、観光的にも大きな魅力があります。ただし、火山活動の状況によって、立ち入りが規制されることもありますので、事前の情報収集が不可欠です。

File 97. Mount Aso

Mount Aso is an active volcano that belches smoke from its crater.

Located in the center of Kyushu, Mount Aso forms part of an active volcanic mountain range that has been repeatedly erupting for roughly 300,000 years. Some 25 kilometers in diameter, the caldera made by the eruptions is one of the largest in the world. Mount Aso consists of a central cone group with five peaks and an outer rim. At a height of 1,500 meters, Mount Nakadake is the most active volcano, and the smoke belches from its crater. When there is little volcanic activity, you can go up to the summit, look down into the crater and enjoy the impressive scenery. Daikanbo Peak, on the outer rim, is the best point from which to enjoy a panoramic view of the caldera.

Engaging in things such as agriculture and cattle breeding, about 50,000 people live in the caldera. On Mount Aso, people have been burning off their fields from hundreds of years ago and, by doing so, exterminating harmful insects while growing grass for cattle and horses. Thanks to them, we can enjoy the great view.

語句

- [ ] belch（〜を）噴出する　[ ] crater 火口　[ ] erupt 噴火する　[ ] diameter 直径
- [ ] central cone group 中央火口丘群　[ ] outer rim 外輪山　[ ] panoramic 全景の見える
- [ ] engage in 〜 〜に従事する　[ ] cattle breeding 牧畜　[ ] burn off a field 野焼きする
- [ ] exterminate 〜を駆除する　[ ] harmful 有害な

File 98. 高千穂

神話のふるさと

日本最古の歴史書『古事記』と『日本書紀』に登場する高千穂は、太陽神である天照大御神に縁のあるところです。一番有名な話は、天照大御神が乱暴な弟に呆れて、岩屋にお隠れになった話です。すると世界が真っ暗闇になりました。神々は天照大御神を岩屋から引き出そうと、さまざまな儀式を試しました。一人の女神が面白い踊りを披露すると、神々が大笑いしました。不思議に思った天照大御神が岩屋から外をのぞくと、力持ちの神が岩戸を開け放ち、彼女は外に出されました。こうして太陽が復活したのです。地元の人たちはこの話を含む神話を、夜の踊り、「夜神楽」として演じ続けています。ここには高千穂峡という風光明美な場所があり、神話の世界のような神秘的な雰囲気が感じられます。

説明のポイント

神話のふるさとは各地にありますが、宮崎県の高千穂では神話が「夜神楽」として受け継がれています。正式な夜神楽は夕方から始まり、翌朝まで夜通し演じられますが、高千穂神社では観光客向けに毎晩20時から1時間、代表的な4種類の舞を披露しています。
上記の高千穂峡や、天照大御神が隠れたと言われる天岩戸神社などでは、神秘的な雰囲気が感じられます。ぜひ、神話を紹介した上でご案内しましょう。

File 98. Takachiho

Takachiho is the home of mythology.

Mentioned in Japan's oldest history books, the *Kojiki* and Nihonshoki, Takachiho is an area associated with Amaterasu-Omikami, the goddess of the sun. The most famous story is that she was disgusted with her violent brother and hid in a cave. Then darkness filled the world. The gods wanted to get Amaterasu out of the cave and tried various rituals. One goddess performed an amusing dance, which made the others laugh. When a curious Amaterasu peeped outside from the cave, a powerful god opened the rock door and she was taken out. Thus, the sun came back. The local people continue to act out the mythology, including this story, as "yokagura" or night dances.

There is a scenic spot here called the Takachiho Gorge, where you can feel a mystical atmosphere like that in the world of mythology.

語句

☐ the home of ～ ～のふるさと　☐ mythology 神話　☐ associate with ～ ～に関連する、縁のある　☐ (be) disgusted with ～ ～に呆れる　☐ ritual 儀式　☐ peep のぞく
☐ thus こうして　☐ act out ～ ～を演じる　☐ mystical 神秘的な

File 99. 屋久島

樹齢数千年の杉が自生している

屋久島は九州の南にある島で、海岸近くは亜熱帯気候です。一方、標高2000メートル近い山頂付近では冬には雪が降り、まるで日本アルプスが洋上に浮かんでいるように見えます。そのため、北から南までの植物が、垂直に分布しているユニークな場所なのです。もう1つユニークな特徴は、この地に自生している「屋久杉」と呼ばれる樹齢1000年以上のたくさんの杉の木です。年間降雨量5000ミリの、栄養が乏しい花崗岩の山地という過酷な自然条件の中でゆっくり育つため、耐久性にすぐれ、かつては建築用木材として利用されていました。加工しやすいまっすぐな木から切り落とされたため、現在残っている樹齢2000年を超える屋久杉は、いびつな形をしています。

ことわざにあるように、「美人薄命」なのです。

説明のポイント

屋久島は、①植生の垂直分布が特徴的であること、②樹齢1000年を超える屋久杉が多く自生していることから、世界自然遺産に登録されました。この2点をしっかりと押さえておきましょう。また、屋久島では、ヤクザルやヤクシカといった固有の動物も見られます。

屋久杉を気軽に見るには、ヤクスギランドという整備されたハイキングコースがお勧めです。最高齢と言われる縄文杉を見に行くには、往復約20キロメートル（所要約10時間）を歩かなければなりません。

File **99.** Yakushima

Cedars several thousands of years old are native to Yakushima.

An island located to the south of Kyushu, Yakushima's climate is subtropical near the coast. In contrast, in the vicinity of its mountain peaks, which reach a height of around 2,000 meters, it snows in winter, making it appear as if the Japanese Alps are floating on the ocean. It is therefore a unique place, where the vegetation from north to south is distributed vertically. Another unique feature is the many cedar trees, called "yakusugi", that are more than 1,000 years old and a native species here. As they grow slowly in the severe natural conditions — the annual precipitation in this nutrient-poor granite mountain area is 5 meters — the trees are superior in terms of durability and were once used as construction lumber. The straight trees that were easy to process were cut down first, so the remaining yakusugi, which are more than 2,000 years old, are bent and twisted.

As the saying goes, "The beautiful die young."

語句

☐ cedar 杉　☐ be native to 〜に自生する　☐ subtropical climate 亜熱帯気候
☐ in the vicinity of 〜 〜の付近　☐ vegetation 植生
☐ be distributed vertically 垂直に分布した　☐ native species 在来種
☐ precipitation 降水量　☐ nutrient-poor 栄養が乏しい　☐ granite 花崗岩
☐ durability 耐久性　☐ lumber 木材　☐ process 加工する
☐ bent and twisted ねじ曲がった、いびつな　☐ saying ことわざ

File 100. 沖縄

日本で味わえる南国リゾート

日本の陸地面積はあまり大きくありませんが、その領土は南北に長く、約2800キロメートルにもなります。日本の北部は冬は寒く大雪が降る一方、南部は冬でも暖かです。亜熱帯の沖縄ではハイビスカスなど南国の花が咲き、マンゴーやパパイヤなどのトロピカルフルーツを栽培しています。沖縄には160の島があり、そのうち47の島に人が住んでいます。離島には飛行機や船で渡ることができます。白砂のビーチが豊富にあり、美しい海岸沿いにリゾートホテルが建ち並んでいます。サンゴ礁の海でマリンスポーツを楽しむこともできます。

一方、竹富島など伝統的な村落を残している島もあります。ここでは水牛車に乗って、御者が演奏する三弦の楽器、三線の音色を聴きながら、ゆっくり島を周遊するのも楽しいですよ。

説明のポイント

沖縄のビーチや離島では、近代的なリゾートと、伝統的な建造物を保存した村落の両方が楽しめます。日本では北と南で、気候や植生、文化など、さまざまな違いがあることも伝えましょう。

沖縄には負の歴史もあります。第2次世界大戦中、日本で唯一の地上戦が行われた場所で、多くの命が失われました。戦後は長くアメリカに占領され、返還されたのは1972年です。戦争の負の歴史を外国の方に伝える場合、本人や家族が関わっている場合もあるので、感情的な部分は抑えて客観的な事実のみを伝えるのがよいでしょう。

> ここまで100項目について説明してきました。日本には数えきれない観光地があり、たくさんの魅力があります。ここで紹介できたのはほんの一部ですが、他の観光地にも応用できる説明もあります。たとえば神社仏閣や城などは各地にあり共通する部分が多いです。参考にして、ご自身のガイドに役立ててください。

File 100. Okinawa

Okinawa is a tropical resort area that you can enjoy in Japan.

Although Japan's land area is not so large, the length of its territory from north to south is about 2,800 kilometers. While winters in northern Japan are cold, and there is heavy snowfall, southern Japan remains warm even in winter. In subtropical Okinawa, southern flowers such as hibiscus bloom, and tropical fruits, such as mango and papaya, are grown. There are 160 islands in Okinawa, and 47 of them are inhabited. You can travel to the remote islands by airplane or ship. There are many white sand beaches, and resort hotels have been built along the beautiful coastlines. You can also enjoy marine sports among the coral reefs.

In contrast, there are islands, such as Taketomi, where the traditional village survives. Here it is fun to slowly travel around the island by water buffalo carriage, listening to the sounds of a "sanshin," a three-stringed instrument, being played by the driver.

語句
☐ territory 領土　☐ subtropical 亜熱帯の　☐ hibiscus ハイビスカス
☐ inhabited 人が住む　☐ remote island 離島　☐ coral reef サンゴ礁
☐ water buffalo carriage 水牛車

▎音声ダウンロードのご案内 ▎

本書の学習用音声はアルクのウェブサイトにて無料で提供しています（MP3 形式ファイル）。パソコンやスマートフォンにダウンロードしてご利用ください。ダウンロードにはインターネット接続が必要です。なお、ファイルサイズが大きいため、ダウンロードに時間がかかることがあります。ブロードバンド環境でのご利用をお勧めします。

■ パソコンにダウンロードする場合

パソコンへの音声ファイルのダウンロードは、下記の URL から行ってください。

アルクのダウンロードセンター
https://www.alc.co.jp/dl/

※書名もしくは商品コード（7020023）で検索してください。
※ダウンロード後、zip ファイルを解凍してご利用ください。パソコンの OS によっては、圧縮ファイルの解凍ソフト（Lhaplus など）が必要な場合があります。

■ スマートフォンにダウンロードする場合

スマートフォンに直接ダウンロードするには、アルクが提供する語学学習用アプリ「語学のオトモ ALCO」をご利用ください（右ページ参照）。Android、iOS に対応しています。

音声ファイル名について

音声ファイル名と本文の File 番号は対応しています。

例： File_001.mp3 ➡ **File 01.** 「城」の音声
　　 File_050.mp3 ➡ **File 50.** 「江戸東京博物館」の音声
　　 File_100.mp3 ➡ **File 100.** 「沖縄」の音声

スマートフォン（iOS/Android）アプリ
「語学のオトモ ALCO」をご活用ください

「語学のオトモ ALCO」アプリは、書籍・通信講座の音声、通信講座の電子版テキストブックをダウンロードして利用する専用アプリです。

■ ALCO でできること

● 本書の音声をスマホで聞ける！

パソコンがなくても大丈夫。スマートフォンに ALCO をインストールすれば、本書の音声をスマートフォンに直接ダウンロードして聞くことができます。

● 再生スピードを調節できる！

再生スピードを 0.5 倍〜3 倍まで調節できる話速変換機能を備えています。本書の音声が速すぎると感じる場合は、スライダーを動かしてスピードを遅くしてみましょう。

● 聞きたいところだけリピート再生できる！

音声で A 地点、B 地点を指定して、A B 2 区間の音声を再生できます。何度も繰り返し聞けるので、リピーティングの練習に便利です。

● 巻き戻し・早送りが便利！

再生中にボタンを押すだけで、指定した秒数 (2、4、8、16、30 秒) での巻き戻しや早送りができます。聞きたいところをピタリと指定できるのでストレスがありません。

■ご注意

※1 「語学のオトモ ALCO」は App Store (iPhone)、Google Play (アンドロイド) からダウンロードできます。ご利用にはメールアドレス ID の登録が必要です。詳細は https://www.alc.co.jp/alco/ をご覧ください。

※2 ご利用条件 (https://www.alc.co.jp/policy/other/) を必ずご確認のうえ、同意いただける方のみご利用ください。

※3 ダウンロードコンテンツには容量の大きいものが多いため、ダウンロードの際は Wi-Fi 環境でのご利用を推奨いたします。また、スマートフォンの内蔵メモリにファイルサイズ相当の空き容量が必要です。

※4 本サービスの内容は予告なく変更する場合があります。あらかじめご了承ください。

指名が途切れない通訳ガイドの
英語で日本紹介 アイデアブック

発行日：2020 年 4 月 24 日（初版）

著者：島崎秀定

編集：株式会社アルク出版編集部

編集協力：大河内さほ

校正：Margaret Stalker、Peter Branscombe

ナレーション：Jennifer Okano

音声収録・編集：一般財団法人 英語教育協議会（ELEC）

カバーデザイン：中島慶章

本文デザイン・DTP：有限会社トライアングル

イラスト：刈屋さちよ

印刷・製本：シナノ印刷株式会社

発行者：田中伸明

発行所：株式会社アルク

〒102-0073 東京都千代田区九段北 4-2-6 市ヶ谷ビル

Website：https://www.alc.co.jp/

地球人ネットワークを創る

アルクのシンボル
「地球人マーク」です。